ピンゲラップ環礁（左：ピンゲラップ島、右手前：デケ島、右奥：スコル島）

飛行機から見た居住地の景観（メインストリートは空から見てもはっきり目立つが、居住地は緑に覆われている、写真右側にサトイモ科植物の耕作地が見える）

動物　Animal

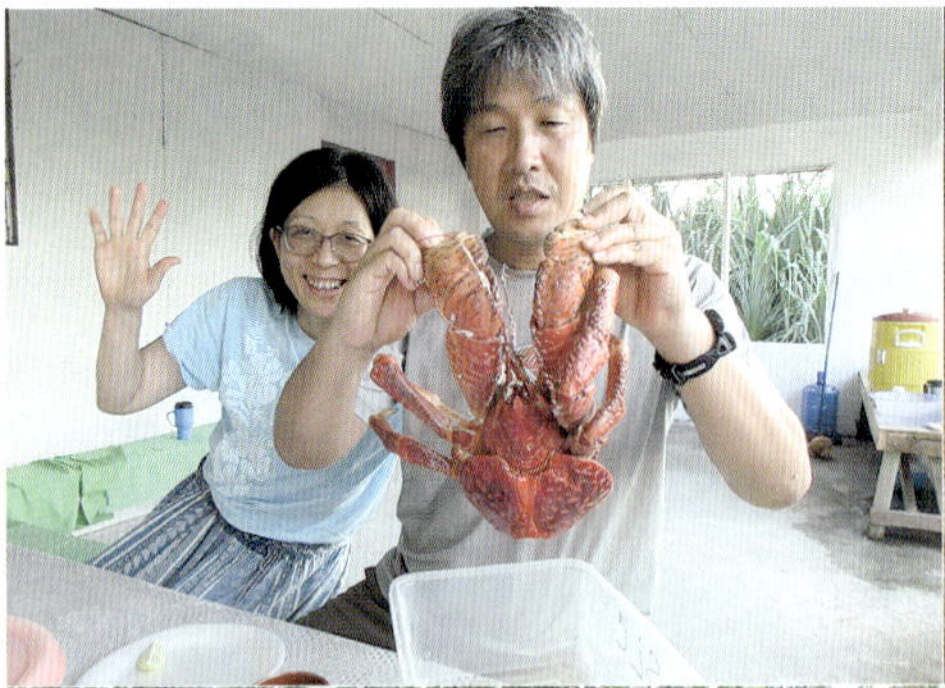

植物　Plant

暮らし　Life

Reebok

食べ物　Food

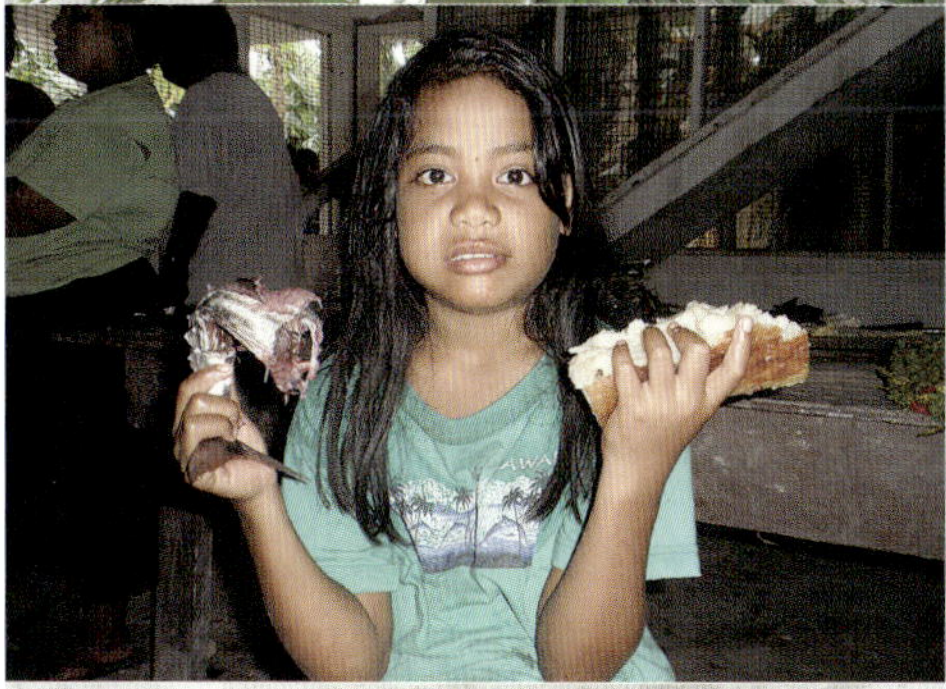

竿釣り漁、釣れた魚を口にくわえている

ボートでスコル島へ

大塚　靖
山本宗立　編著

ミクロネシア学ことはじめ

絶海の孤島　ピンゲラップ島編

南方新社

まえがき

ピンゲラップ島は太平洋にある小さな島である。ミクロネシア連邦の首都があるポンペイ島から八人乗りのプロペラ機に乗り、約一時間半でピンゲラップ島に着陸するが、その間に見えるのは小さなモキール環礁のみである。ピンゲラップ島に着く時には周囲に他の島は全く見えない。まさに絶海の孤島と呼ぶにふさわしい島であるが、ミクロネシアの中では比較的知名度の高い島である。その理由の一つが、イギリスの医師で神経学者でもあるオリヴァー・サックス氏の著書『色のない島へ―脳神経科医のミクロネシア探訪記』だ。『レナードの朝』や『妻を帽子とまちがえた男』などの作者として知られる彼が、一九九四年にピンゲラップ島やグアム島などを訪れた時の紀行文である。全色盲患者が多く居住するピンゲラップ島に興味を持った彼は、神経学者として全色盲患者と接するとともに、島の人々や自然を生き生きと表現している。

ピンゲラップ島での学術的な調査については、一九七〇年代前半にハワイ大学のニュートン・E・モートン氏らのグループが全色盲患者に関する人類遺伝学的調査を行った。そのグループに参加した医師の山本學氏が『ピンゲラップ島―全色盲のルーツをもとめて』を刊行している。また、一九七五～一九八五年にピンゲラップ島に滞在したカナダの人類学者デイヴィッド・ダマス氏が、島の自然、親族関係、土地所有などについての著書『Bountiful Island: A Study of Land Tenure on a Micronesian Atoll』を出している。このように、全色盲患者の存在や、太平洋の孤島としての地理的特徴から、ピンゲラップ島は著作や調査研究の対象になってきた。そして、このピンゲラップ島で私たちも毎年のように調査を行っているのである。

私が所属している鹿児島大学国際島嶼《とうしょ》教育研究センターは、島をフィールドとして様々な分野の研究をしている。専任教員や兼務教員の各自の研究は、その研究の目的に適した島で行っている。だが、時には専門の異なる研究者が同じ島で一緒に調査をすることもある。過去には水産学部の実習船で数十人の研究者が数カ月かけてミクロネシアで合同調査をしたことがある。現在でもいくつかの島で同様の調査を行っており、その一つが『ミクロネシア学ことはじめ―魅惑のピス島編』で紹介したミクロネシア連邦チューク州ピス島である。そして、もう一つの島がピンゲラップ島で、本書は同島で行われた合同学術調査の結果をまとめたものである。ピス島とピンゲラップ島は、人口が二〇〇～三〇〇人で、歩いて一時間程度で島を一周できるなど、人口規模や島の面積では同じような島といえるが、地理的には州都のウェノ島に近いピス島と、太平洋の孤島であるピンゲラップ島とで大きく異なる。しかし、それ以上に島の印象が違う。私がこの印象をあえて名付けるなら、ピス島は「雑然とした中にある伝統」であり、ピンゲラップ島は「規律を脅かす近代化」である。ピス島は、島民が酒を飲んで暴れたり、大声を出して喧嘩したりすることがよくあり、一見雑然としているように見えるが、根底となる部分で伝統的な文化を残している。一方、ピンゲラップ島は伝統的な規律が比較的厳しく、押し寄せてくる様々な近代化の波を前にして、このままで島の社会は存続できるのか、と私の方が心配になってくる。ぜひとも本書とピス島編とを読み比べて、二つの島の雰囲気の違いを感じていただきたい。

ところで、本書名に「ミクロネシア学」とあるが、そのような学問分野があるわけではない。ピンゲラップ島での私たちの調査は、民族植物学、植物生態学、開発経済学、社会人類学、衛生動物学を専門とする研究者が行っており、それぞれの研究対象や方法論がある。各学問分野は、研究対象や方法論を限定することで、より専門的に交流や批判が行われて発展していく。その半面、学問分野が違うと研究に対する基本的な考え方が異なる場合があり、お互いの研究を理解し合えないこともある。また、ある学問分野の研究対象や方法論から外れたものは、その分野ではなくなっていく。つまり、既存の学問分野を集めただけでは、どうしても取り残された部分ができてしまう。島における研究は、特にそのような取り残された部分をすくいあげながら地域を見ていく必要がある。本来、学問はその結果が何らかの形で社会に貢献すべきである。私たちのミクロネシアでの研究が、各自の学問分野の発展のためだけにではなく、既存の学問分野の枠組みを超えてミクロネシアという地域を理解し、ミクロネシアの社会に貢献できれば、という考えのもと、書名に「ミクロネシア学」とつけた。

さて、本書の構成は以下の通りである。第一章では、ピンゲラップ島の暮らしについて詳しく書かれている。島での生活事情、島内や島周辺で得られる作物・魚介類・陸上動物およびそれらを用いた料理、ソン・マルと呼ばれる儀礼など、まずはピンゲラップ島の雰囲気を感じていただきたい。第二章では、ピンゲラップ島の自然環境をもとにして島の植生がどのように構成されているのかについて書かれている。太平洋の島々はどの島も同じような環境だと思われがちであるが、島ごとにその環境は異なり、それに伴い植生にも違いが見られることが詳しく説明されている。第三章では、島で重要なイモ類の耕作地を取り上げた上で、島の経済問題について書かれている。ピンゲラップ島では、輸入食品である米や小麦粉などが現在では消費されているが、かつてはイモ類が最も重要な食料の一つであり、その耕作地は貴重な土地であった。しかし、近年、手入れが必要なイモ類の耕作地は放棄されているところが多く、その重要性も変化していることが考察されている。第四章では、土地所有と婚姻や養子における土地相続について書かれている。各世帯の敷地で調査をしていると、私たちには無造作に植えてあるようにしか見えない木々が、土地の境界を示していて驚くことがある。島民が、どこまでが誰の土地であるのかをきちんと把握していることに、毎回感心する。土地と人が単に強く結びついているだけではなく、私たち日本人とは異なる関係性がそこにあることを読み取れるのではないだろうか。第五章では、感染症を媒介する蚊の対策について書かれている。医療体制が十分ではないピンゲラップ島で感染症が流行すると大変なことになるわけで、島での感染症対策を考えていく。また、コラムでは環礁の成り立ちが簡潔に述べられている。

ピンゲラップ島でもあらゆる面で近代化が進んでいる。携帯電話は今でもつながらないものの、毎月お金を払えばＷｉＦｉを使ってインターネットに接続することができる。ＷｉＦｉスポットはディスペンサリー（診療所）にあり、夕方の涼しくなった頃にはタブレットなどで会話をしている島民をよく見かける。おそらく島から離れた家族や友人と話しているのであろう。近年は人口流出が激しく、ポンペイ島、グアム島、ハワイ州、アメリカ合衆国本土に住んでいる島出身者も多い。この数年でも空き家や放置された土地が目立つようになってきた。仕事や子供の将来を考えると、島を離れていくのも無理もないと思う。それでも島に残り、島のコミュニティを支えている人たちもいる。このような過疎化の問題は、日本の離島も含めた世界のすべての島に共通するのではないだろうか。ピンゲラップ島での問題の多くは、他の島も抱えており、今は問題がない島でも将来的に起こりうる可能性がある。本書をきっかけに、ピンゲラップ島だけではなく、他の様々な島にも関心を持っていただけると、島を研究対象とするセンターの一員として嬉しい限りである。

大塚　靖

目次

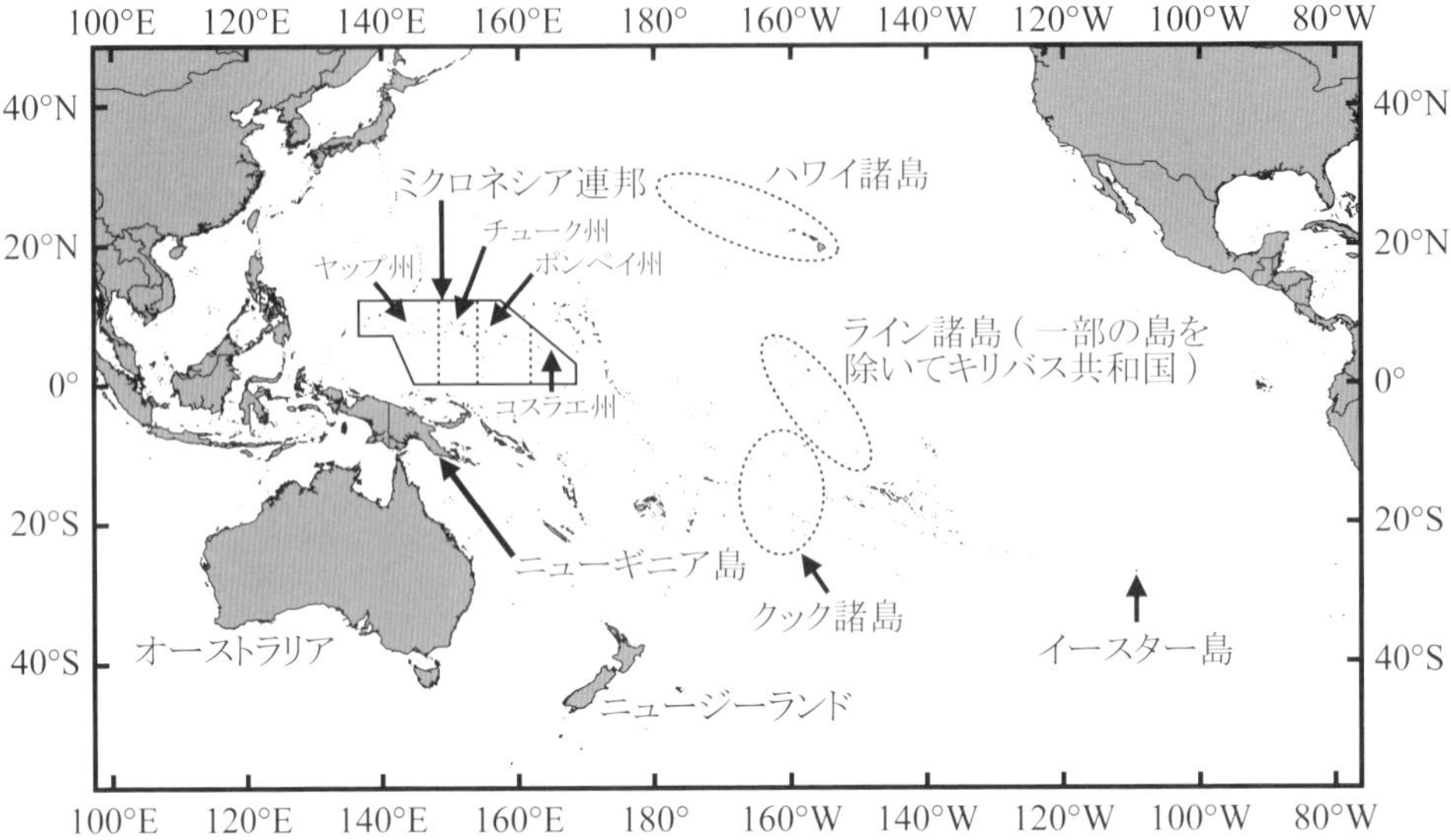

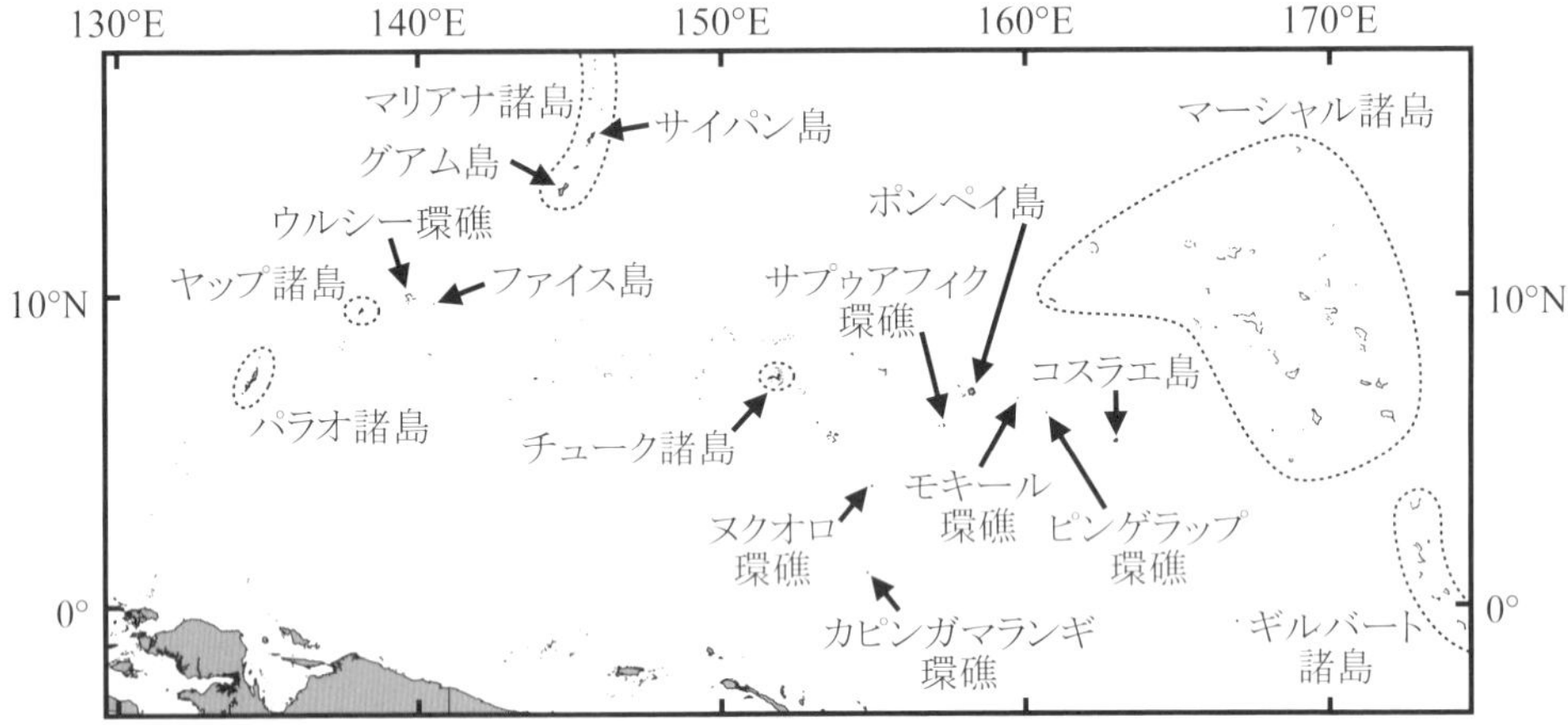

巻頭図１　太平洋地域（上図）とミクロネシアの島々（下図）

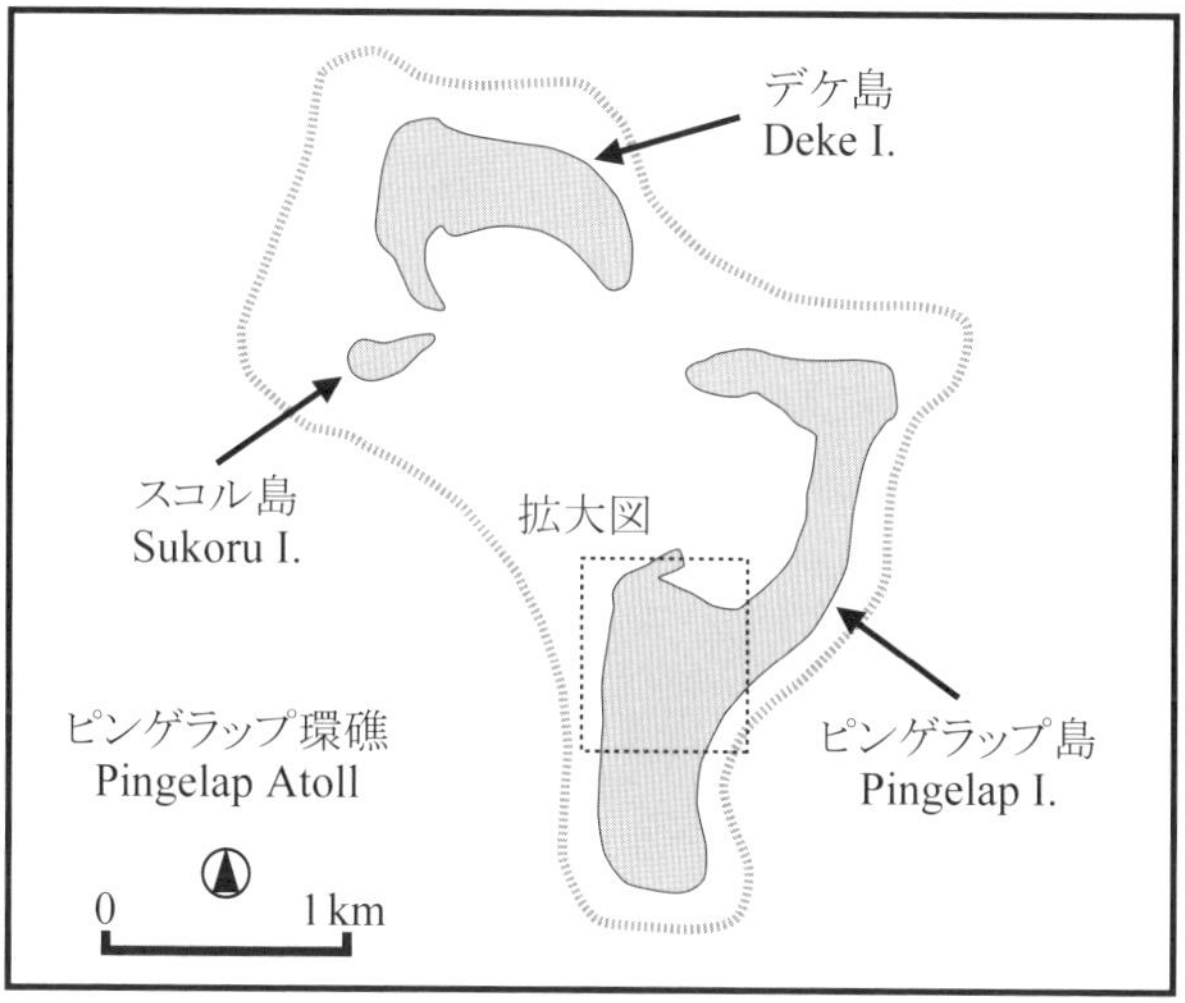

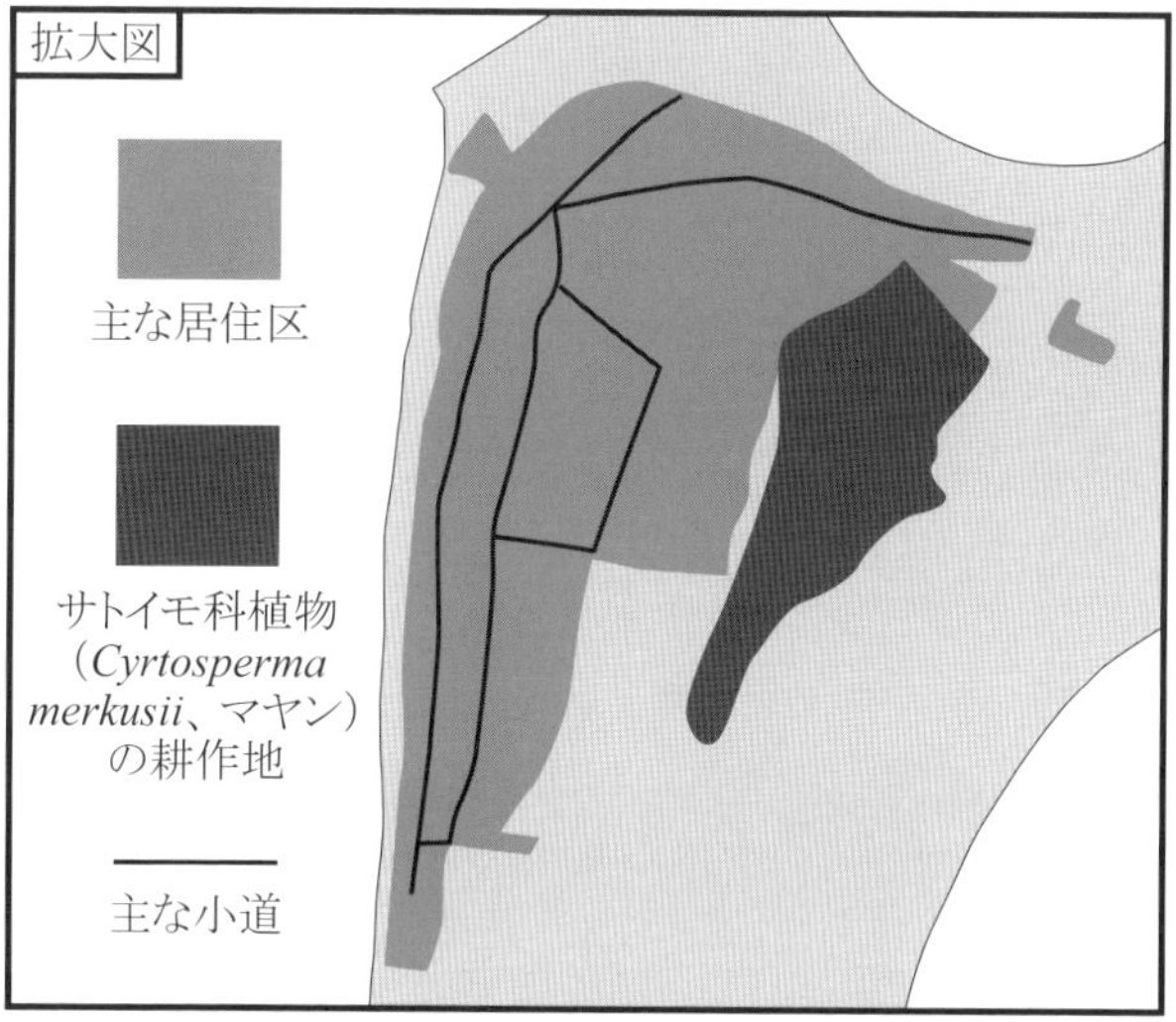

巻頭図２　ピンゲラップ環礁

ミクロネシア学ことはじめ　絶海の孤島ピンゲラップ島編

編集　大内喜来・梅北優香
装丁　鈴木巳貴

第一章　島の暮らし

山本宗立

あー、飛行機が滑走路から落ちるーーー⁉

これが初めてピンゲラップ島に着陸した時の印象である。

ミクロネシアにはずっと憧れていた。大学の学部時代に習った根菜農耕文化[1]の作物であるパンノキやタコノキ属植物を自分の目で見てみたい、味わってみたい。日本とミクロネシアとの歴史的なつながりを現地で感じてみたい。いわゆる「南国の島」って本当に「いわゆる」なの？　なぜかミクロネシアに魅かれていたのである。それだけではない。私は大学院時代から現在までずっと唐辛子[2]の分布や伝播、利用方法を調査してきた。その研究から、一部の唐辛子が新大陸からオセアニアを経由してアジアに伝播し、東南アジア・東アジアの島嶼部を「島伝い」に広がっていった可能性が高い、つまり「太平洋伝播経路」があったのではないか、ということがわかってきた。[3]この仮説をより強固なものにするためには、新大陸と東南アジアの間に位置するミクロネシアで唐辛子の調査を行う必要があった。

二〇一〇年五月に鹿児島大学国際島嶼教育研究センターに着任して早々、八月にミクロネシア連邦ポンペイ州で合同調査をすることが決まった。棚からぼたもちだ。ミクロネシアでの初めての調査地がピンゲラップ島とい

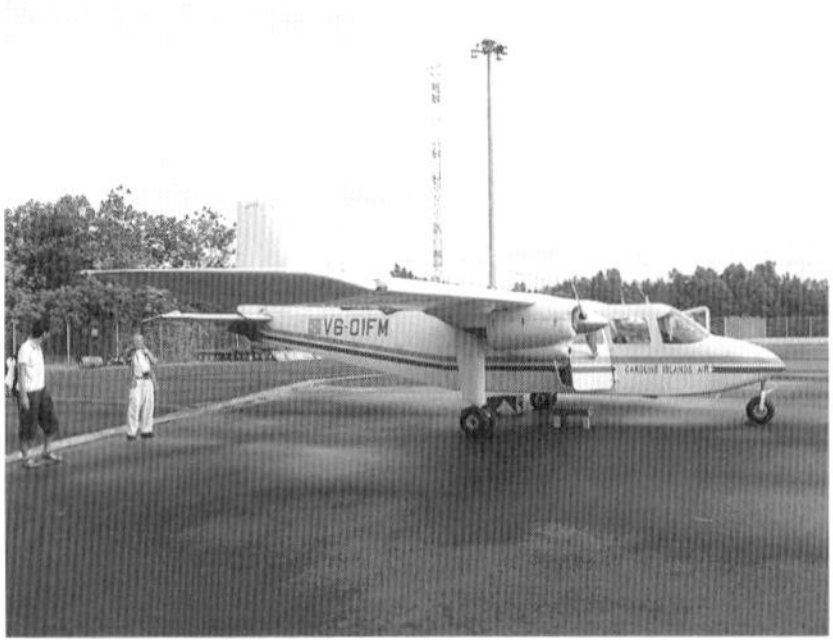

ポンペイ島とピンゲラップ島との間を航行する8人乗りの軽飛行機

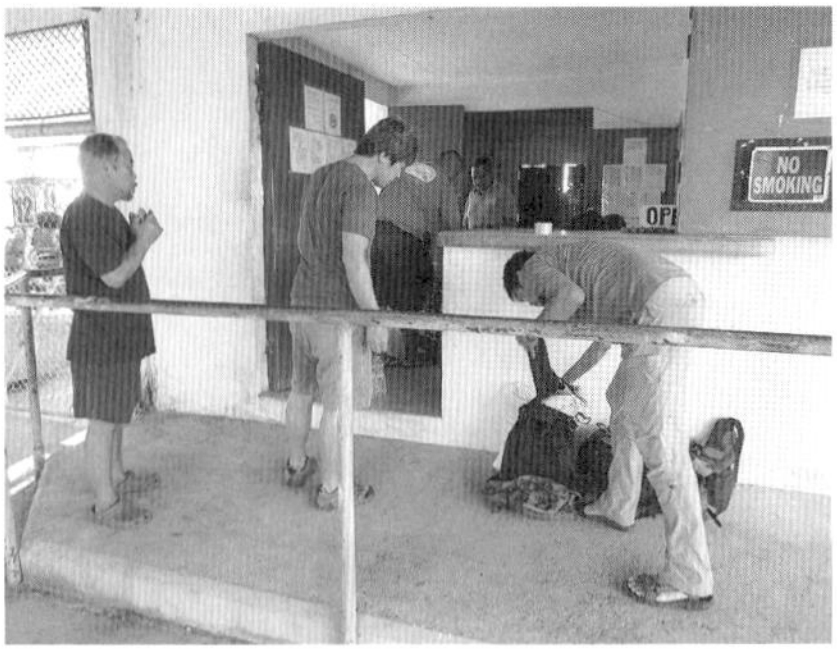

ポンペイ空港内にあるカロリン諸島航空の受付

う離島。でも、ミクロネシアとミクロネシア連邦の違いって何？　ポンペイって火山災害のあったイタリアの都市ポンペイ？　そもそもピンゲラップ島ってどこ？　知らないことばかりだ。とりあえず地図帳を開き、文献を検索すると、ピンゲラップ島に関する書籍があるではないか。しかし、遺伝性疾患の一つである全色盲に関するものが多く、(1)作物や食生活の情報をまとめた文献がない。極端に言えば、このような状況下で研究者は次のどちらかの考えを持つだろう。

〔楽観派〕誰も調査をしていないから、何をやっても結果につながる、やったね。

〔悲観派〕参照する文献がない中で、どれだけの情報を集めれば結果につながるのか、心配。

幸か不幸か私は前者であったため、さほど先行研究を気にすることもなく、福岡からグアム島を経由し、ミクロネシア連邦ポンペイ州のポンペイ島へまず向かった。ピンゲラップ島へ行く準備や事務手続きをするためポンペイ島に数日間滞在した後、早朝にホテルを出て、ポンペイ島とピンゲラップ島との間を航行するカロリン諸島航空（Caroline Islands Air）の受付へと向かった。ワクワク・ドキドキ。受付はポンペイ空港の通常の旅客ターミナルではなく、空港のはずれの小屋にあった。小屋のそばには私たちが乗るであろう飛行機が駐機している。小さな飛行機とは聞いていたが、八人乗りの本当に小さな軽飛行機でびっくりした。体重や荷物の重さ

2014年8月に訪れた時に新設されていた空港の建物

島民のお出迎え

を量る。総重量や飛行機のバランスを考えてのことだろう。体が小さくて邪魔にならないからという理由で、私はパイロットの隣の席に座ることになった。パイロットに「君は副操縦士なんだから、君も操縦するかい！」とからかわれる。プロペラをまわして、速度をあげて滑走路を走り、ふわっと飛び上がる。ジェット機では感じることのない、今、本当に「空を飛んでいるんだ」という感覚を覚える。

ポンペイ島周辺の美しいサンゴ礁の上空を過ぎた後は、いくらまわりを見渡しても島影一つ見えない。航海術があったとはいえ、昔の人々はこの大海原をカヌーで航海したわけだ。鬼の角のような入道雲があちらこちらに立ち上がっている。だんだん近づいていくが……機体が雲の間をうまいこと抜けていく。虹がプロペラから海へ流れ落ちているかのようにかかっている。高度二一九〇～二二二七メートル、速度一八五～一九五キロメートル。離陸して四〇～五〇分ほど経過した時、左側に環礁が見えた。モキール環礁だ。パイロットが言うには、モキール環礁とピンゲラップ環礁はよく似た形をしているそうだ。その後、また四〇～五〇分ほどすると、ついにピンゲラップ環礁が見えた！　だんだんと高度を下げ、着陸をしようとするが、パイロットが「滑走路が濡れており、あぶない」という。そして冒頭の「落ちるー」につながるわけである。滑走路は三〇〇メートルほどしかなく、滑走路の先は海。パイロットは冗談のつもりで「あぶない」と言ったのだろうが、私は本当に落ちるかと思った。しかし、さすがは熟練パイロット。いとも簡単に着陸。飛行機を降りると、空港の建物のまわりに島の人々が集まっており、花飾りを手に出迎えてくれる。さあ、ついにピンゲラップ島に着いた。唐辛子だけではなく、他の作物やそれらの利用方法についても調査をしよう、と意気込んでいたのを覚えている。二〇一〇年以降もほぼ毎年ピンゲラップ島へ行く機会を得たので、私の体験をもとにして、島の文化や社会、特に暮らしや食生活について紹介したい。

ピンゲラップ環礁（左がピンゲラップ島、右手前がデケ島、右奥がスコル島）

ミクロネシア連邦ポンペイ州およびピンゲラップ島の概要

ミクロネシア連邦は、太平洋に浮かぶ六〇〇以上もの島々を有し、東経一三七～一六三度、北緯〇～一〇度に広がる東西約二七〇〇キロメートル、南北約一二〇〇キロメートルにわたる自然や海洋環境の豊かな地域である（巻頭図1）。一九八六年にアメリカ合衆国の国連信託統治下から独立した連邦国家で、西からヤップ州、チューク州、ポンペイ州、コスラエ州の四州からなる。ポンペイ州では、州都のあるポンペイ島のほか、モキール環礁、ピンゲラップ環礁、サプゥアフィク環礁、ヌクオロ環礁、カピンガマランギ環礁に人々が暮らしている。

ピンゲラップ環礁は、北緯六度一二分、東経一六〇度四二分付近に位置し、ピンゲラップ島、デケ島、スコル島の三島からなり、陸地面積は約一・八平方キロメートルである（巻頭図2）。ピンゲラップ環礁ではピンゲラップ島が唯一の有人島だが、島民はデケ島やスコル島でココヤシの果実や燃料となる枯れ木などの採集、ヤシガニやオカガニの捕獲などを行っている。ピンゲラップ島は、ポンペイ島およびコスラエ島から直線距離で約二七〇キロメートル、一番近い有人島であるモキール環礁からでも約一二〇キロメートル離れているため、絶海の孤島

ピンゲラップ島にある役場（支所）

全島民を対象とした礼拝などを行う時に利用される教会

診療所

小中学校（川西基博氏提供）

といえる。近年の国勢調査の結果が公開されていないため、少し古い情報とはなるが、二〇〇〇年に行われた国勢調査の報告書によると、ピンゲラップ島には八三世帯、四三八人とある。[5] 二〇一二年八月に行った私たちの世帯調査では、約五八世帯、約二三九人であった。十数年で人口がほぼ半減しており、人口減少が著しい島といえるだろう。

　ピンゲラップ島にはトーカサと呼ばれる伝統的酋長を中心とする社会システムがある。ミクロネシアの他地域で重要視されている母系出自集団については、あまり意識がされていないように感じた。[6] ある年にピンゲラップ島を訪れると、ヤシガニを獲ってはならない、というおふれがトーカサより出ており、島民は（一応）遵守していた。現在でも伝統的酋長が大きな力を持っていることに改めて気づかされた。ただし、ピンゲラップ島を訪れるようになってから今日まで、トーカサはピンゲラップ島外に居住しており、トーカサの次に高位のナナワがトーカサの代理として島の行事や集会などに対応している。そのせいもあってか、島民からトーカサに対する不満の声を少なからず耳にしている。

近代的な政治体制も導入されており、村長や八人の村議員などは選挙によって選ばれる。村長はポンペイ島にある村役場で主に服務しているため、島に居住している村長代理がピンゲラップ島にある支所で日々の業務を行っている。村は四つのセクション（地区）にわかれており、[7]それぞれにプロテスタント系の小さな教会がある。全島民が参加する礼拝などは島の南側に位置する大きな教会で行われている。教会の近くには診療所もあり、ある程度の薬が備蓄されてはいるものの十分ではない。また、ポンペイ島の医者や看護師が来島して予防接種を行う場としても診療所は利用される。居住区の中央には小中学校[8]があり、二〇一八年八月に島を訪れた時は、構成人数は校長一人、先生五人、小中学生三四人であった。二〇一二年八月時点では小中学生は五〇～六〇人ほどだったので、ずいぶんと子供の数が減っていることがわかる。

ピンゲラップ島への交通手段

先述したように、ピンゲラップ島へはポンペイ島からカロリン諸島航空の軽飛行機で行くことができる。定期便なるものが週二回飛んでいるが、定期便であって、定期便ではない。予告もなくキャンセルになったり、パイロットの都合で一カ月ほど運行がなかったりする。その上、片道の運賃は一九〇米ドルと島民にとっては高額である（二〇一八年八月現在）。二〇一二年八月に行った予備調査では、データのばらつきがあるためどこまで正確なのかは自信がないものの、世帯の年間の平均年収（海外からの送金を含む）は約三〇〇〇米ドルであった。「運賃が高く、なかなか飛行機を利用できない」と島民が口をそろえて言うのもわかる。軽飛行機をチャーターしてポンペイ島からピンゲラップ島へ行こうものなら片道で二二〇〇米ドルだ。ありえない。もう人は乗らなくてもいいから、とりあえず物資などの荷物だけでも運んで欲しい、となると、一パウンド（約四五〇グラム）当たり〇・七五米ドルをカロリン諸島航空に支払う必要がある。ポンペイ島では四〇パウンドの米が約二〇米ドルで販売されている。この米を飛行機で運んでもらうとなると、輸送費に三〇米ドルかかるわけで、米よりも輸送費の方が一・五倍も高い計算になる。島民が飛行機を利用しづらい状況にあることを、おわかりいただけたと思う。

では、そのほかにどのような交通手段があるのかというと、ミクロネシア連邦には国内連絡船がある。これに乗船すると、ポンペイ島からピンゲラップ島まで片道一二〜一五米ドルで行くことができる。飛行機と比べてずいぶんと安価であり、船に乗って往来すれば、島外との交通手段に何も問題がないのではないか?と思われるだろう。しかし、そんなに甘くない。燃料の高騰、政府の懐事情、船の故障などの理由によって、かなり便数が少ないのだ。ポンペイ島で高校や大学などに通っている学生たちが、家族の待つ離島へ帰れるようにと、六月や八月、クリスマス・年末年始くらいに船が運航すればいい方なのである。例えば、二〇一二年八月〜二〇一三年八月の期間では、国内連絡船はピンゲラップ島へ二回しか来島しなかった。船が長らく島に来なかったために、島では米や小麦粉、缶詰などの様々な輸入食品が底をついたそうだ。二〇一八年八月にピンゲラップ島を訪れた時は、「国内連絡船が二隻になるため、より高頻度で船が来島するだろう」と島民は非常に期待していた。

二〇一四年八月のある晩、調査の協力者である島民が「明日、国内連絡船が来島する」と教えてくれた。次の日の朝、五時半に起床して沖を見てみると、確かに大きな船が洋上に浮かんでいる。薄暗い中、砂浜を歩いていくと、小さな船が国内連絡船に向かって何艘も走っている。いわゆる「はしけ」だ。国内連絡船は大型であるため、環礁の中まで入ってくることができない。そこで、船外機をつけた小型のグラスファイバー製ボートが国内連絡船と浜との間を往来し、人や物資を運ぶのである。砂浜には米や小麦粉、箱詰めにされたインスタントラーメン、缶詰、お菓子などがすでに山積みにされている。教会用と書かれた資材も置いてある。そして、子供たち

砂浜では人や物資を運ぶ準備でばたばたしている

沖に停泊する国内連絡船とはしけ

砂浜には外からの物資が山積み

子供たちが小遣い稼ぎに物資を運ぶ

ポンペイ島に住む家族や親戚のためのバナナとタコノキ属植物の果実

ポンペイ島より注文のあったパンノキで作られた伝統的なカヌー

が荷物を島内に運んでいる。お手伝いをしてえらいな、と思っていたら、一回運ぶごとに所有者から一〇セントをもらえるそうだ。お金がたまれば自分の好きなお菓子を買うことができるので、子供たちにとってはこの小遣い稼ぎも捨てたものではない。一方ピンゲラップ島からは、ポンペイ島に住む家族や親戚に渡す（または送る）ために、バナナやココヤシ、タコノキ属植物の果実など、島内で取れる作物を国内連絡船へ運んでいる。驚いたことに、パンノキで作られた伝統的なカヌーまで小型ボートに乗せて運んでいる。ポンペイ島から注文があったそうだ。七時ごろ汽笛が鳴る。出航前の合図であろう。ばたばたと慌ただしいピンゲラップ島を尻目に、国内連絡船は悠然とポンペイ島へ向かっていった。

ピンゲラップ島の生活事情

ピンゲラップ島には電気や上下水道、ガスなどの公共公益設備がない。ただし、支所や診療所、小中学校には海外からの援助により太陽光パネルが設置されている。二〇一一年には診療所にアンテナが設置され、インターネットを利用できるようになった。当初はインターネット使用料（一年間で四〇〇〇米ドル）を村が全額支払っていたが、すぐに個人負担（一カ月で一五米ドル程度）となった。島外との連絡手段が非常に限られていた以前と比べると、スマートフォンなどを用いてポンペイ島やハワイ州、アメリカ合衆国本土などにいる家族や親戚とより速くより簡単に通信できるため、島民は暮らしやすくなったといえるだろう。また、一部の島民は夜間の照明、電動ポンプによる井戸水の揚水、様々な電気製品の充電などにガソリン発動機を使っている。ある家では、壁に白いシーツを張り、発動機を用いてＤＶＤプレーヤーの映像をプロジェクターで映す「映画館」を開いていた。一人二五セント支払えば映画を鑑賞できる。

飲料水には雨水を利用する。屋根につけた雨樋《あまどい》を通してコンクリート製やグラスファイバー製の水タンクに雨

壁に白いシーツを張り、発動機を用いてDVDプレーヤーの映像をプロジェクターで映す「映画館」

コンクリートの屋根に雨樋をつけてコンクリート製の水タンクに雨水を溜める

豚小屋のトタンの屋根に雨樋をつけて豚用の飲料水をドラム缶に溜める

サトイモ科植物（現地名マヤン）の耕作地のそばにある井戸

水を溜めたり、屋根から直接落ちる雨水をドラム缶やプラスチック製の大きな容器などで受けたりしている。このような雨水は、飲料水としてだけではなく、水浴び、洗濯、食器洗い、トイレの排水、豚の飼養など、生活に関わるあらゆることに用いられる。島には井戸もあり、サトイモ科植物（現地名マヤン）の耕作地で泥だらけになった身体を井戸水で洗ったり、井戸水を耕作地にまいたり雨水の代用としたりする。

　燃料については、ココヤシが特に重要である。ココヤシの乾燥させた葉、開花・結実後に自然落下してくる花序を包んでいた苞《ほう》、乾燥させた皮（中果皮＋外果皮）、核殻（いわゆるココナッツシェル）など、様々な部位が燃料として用いられる。樹木の薪も燃料として利用されるほか、灯油を用いた調理

調理小屋に山積みにされたココヤシの乾燥させた皮（中果皮＋外果皮）

ココヤシの花序を包んでいた苞を天日で乾燥させ、燃料として利用する

器具やカセットコンロなどが煮炊きに使われることもある。

　大部分の島民は島内を徒歩で移動するが、一部の島民は自転車を所有している。大人用の自転車に女の子三人が同乗して器用に運転している姿は微笑ましかった。島には自動車はないが、二〇一八年八月に島を訪れた時、荷台をつけた自動二輪車が颯爽《さっそう》と走っているのを見て驚いた。どこからか資金を得て、島に六台の自動二輪車を導入したようだ。二〇一八年に入ってから、支所や診療所、小中学校などの公共施設の改修を順次行っており、その時は小中学校へ建築資材を運搬するために自動二輪車が利用されていた。人力で運ぶよりも、とても効率がよさそうだ。でも、自動二輪車が故障した時、修理に必要な部品がなかったり、そもそも修理をできる人がいなかったりして、そのうち故障車が島内に放棄されるのでは、と余計なお世話ともいえる心配をしてしまう。なぜなら、島外から導入された機器類が先述のような理由で放棄されるのを、あちこちの島で見てきたからだ。ピンゲラップ島民が同じ轍を踏まないことを願っている。

　運搬といえば、島内ではリアカー（現地でもリアカーと呼ぶ）が利用されている。採集した作物、荷物、そして人までもリアカーで運ぶ。ただし、取手を握って荷台を前にして、押しながら歩く。つまり日本とは逆向きに使うのだ。日本ではリアカーを「引く」が、ピンゲラップ島ではリアカーを「押す」のである。そういえば、自転車の後部にリアカーを取り付けた最新鋭（？）の運搬用具を見たこともある。

3人乗りをする女の子たち

荷台をつけた自動二輪車

島内の運搬に利用されるリアカー

リアカーを後部に取り付けた自転車

島内にはお店が何軒かある。ある程度の資本のある世帯では、ポンペイ島などから国内連絡船で商品を仕入れ、米、小麦粉、魚や肉の缶詰、インスタントラーメン、塩・砂糖・醤油などの調味料、スナック菓子、石鹸や洗剤、蚊取り線香、電池、紙おむつ、タバコなど、日用品や嗜好品を販売している。島では飲酒が禁止されているため（こっそりイースト[9]を作って飲んでいる島民もいるが）、成人男性の楽しみはタバコくらいかもしれない。花札（現地ではサクラと呼ばれていた）に興じる人や、最近はスマートフォンなどでゲームを楽しむ人もいるし、ＤＶＤプレーヤーを持っている世帯では映画を鑑賞できるが、やはり絶海の孤島、いわゆる娯楽がほとんどない。でも、さすがは子供たち、遊びの天才である。貝殻を当てる遊び、泥団子作り、ブラ

日用品や嗜好品を販売しているお店（川西基博氏提供）

人がほとんど来ない場所でこっそりイーストを飲む

貝殻を当てる遊びの準備をする女の子たち、地面に置いた貝殻に向けて自分の持っている貝殻を投げる、当たるとその貝殻を自分のものにできる

大人数で貝殻当て遊びをすることも

泥団子作り、どちらが硬いかぶつけ合うことも

ンコ、木登り、ボール遊びなど、いろいろな遊びを考えては楽しんでいる。

小さな島でも事件は起こる。だから島には警察官がおり、手錠を常時携帯している。大概はイーストなどの酒を飲んだ後、騒いだり、暴れたりした人を捕まえることに使われる。支所の中には暴れた人を閉じ込める牢屋のような場所がある。よほどの重罪ではない限り、検察官や裁判官を担当する島民が島内で、問題を起こした人に対する罰を決める。興味深いのは、罰金刑だけではなく、社会奉仕活動への従事があることだ。例えば、島内の道路に生えている雑草を引き抜く活動や、カヌーの通り道をつくるために海の中を掘る作業などである。島を訪れるたびに誰かが社会奉仕活動を行っているが、なんだか毎年同じ顔ぶれのような……。

ココヤシからロープを吊り下げ、木の棒を座板にしたブランコ

余談だが、二〇一七年八月、教会の前にある掲示板に「警察官募集、二週間で七五米ドル、一年間で一九五〇米ドルの給料」とあった。現金収入源が限られる島では、まずまずの給料ではないだろうか。

家の敷地にある食用作物

ピンゲラップ島の家の敷地には、どのような食用作物が植えられていて、どのように利用されているのだろうか。二〇一三年八月に島の一五四の居住区画において食用作物を調査した結果、二〇種以上の植物が栽培・利用されていた。[10] 区画ごとに各植物の有無を求め、出現頻度を算出したところ、バナナとココヤシが八〇％程度、タコノキ属植物が約六七％、パンノキが約五三％を示し、この四つの食用作物が多くの区画で栽培されていることが明らかとなった（表1）。

表１　ピンゲラップ島の家の敷地で栽培されていた食用植物 [*1]

和名 [*2]	現地名	学名 [*3]	出現頻度 [*4]
主作物			
バナナ	*wis*	*Musa* spp.	79.0%
パンノキ	*mei*	*Artocarpus altilis, A. mariannensis*	52.9%
インドクワズイモ	*wod*	*Alocasia macrorrhizos*	12.1%
—	*mweiang*	*Cyrtosperma merkusii*	8.3%
ヤマノイモ属植物	*kehp*	*Dioscorea* sp.	7.0%
アメリカサトイモ	*sewa seipan*	*Xanthosoma sagittifolium*	6.4%
サトイモ	*sewa*	*Colocasia esculenta*	1.9%
タシロイモ	*mwekemwek*	*Tacca leontopetaloides*	1.9%
サツマイモ	*pidehde*	*Ipomoea batatas*	1.3%
果物など			
ココヤシ	*ni*	*Cocos nucifera*	82.8%
タコノキ属植物	*kipar*	*Pandanus* spp.	66.9%
パパイヤ	*keiniap*	*Carica papaya*	44.6%
ライム、ダイダイなど	*karer*	*Citrus* spp.	28.7%
サトウキビ	*sew*	*Saccharum officinarum*	8.9%
フトモモ属植物	*apol*	*Syzygium* spp.	2.0%
野菜・香辛料など			
トウガラシ、キダチトウガラシ	*sele*	*Capsicum annuum, C. frutescens*	28.7%
—	*spinach*	*Alternanthera sissoo*	12.7%
—	*chaia*	*Cnidoscolus chayamansa*	10.8%
カボチャ類	*pwengkin*	*Cucurbita* sp.	3.2%
カミメボウキ	*kadiring*	*Ocimum tenuiflorum*	0.6%

*1：Yamamoto et al.（2015a）を一部改変。
*2：和名については、日本熱帯農業学会編『熱帯農業事典』（養賢堂、2003 年）および日本作物学会編『新編　作物学用語集』（養賢堂、2000 年）を参照した。
*3：学名については、Balick, M.（ed.）2009. Ethnobotany of Pohnpei: Plants, People, and Island Culture. University of Hawai`i Press, Honolulu を参照した。
*4：154 区画において食用植物の位置を記録し、区画ごとに各植物の有無を求めて出現頻度を示した。なお、家の敷地で栽培されていた食用植物のすべてを表 1 に示しているわけではない。

表2　ピンゲラップ島における作物の在来品種 [*1]

和名または学名	在来品種数	在来品種名
パンノキ	6	種子あり：*mei pa*、*mei si* 種子なし：*mei in Mokil*（モキール環礁）、*mei Sapwerek*（ポンペイ島の一地区）、*mei in We*（ポンペイ島の一地区）、*mei Samoa*（サモア）
バナナ	12	人名：*Aro wis*、*Ezra*、*Inek wis* 場所名：*Fiji*（フィジー）、*Lekedan*（ポンペイ島の一地区）、*Lokoi*（ポンペイ島の一地区）、*Taiwan*（台湾）、*wis in wai*（「外国の」の意、現在はアメリカ合衆国を指すことが多い） その他：*dukuru*、*eke dahn*、*pihsi*、*wis keras*
C. merkusii （マヤン）	10	人名：*Aikem*、*Dison*、*Iken*、*Jerria*（*Serria*）、*Pisep*、*Sehn*、*Simihden*、*Wais* 場所名：*Ngatik* その他：*sounpwong wonou*（6カ月の意）
サトイモまたは アメリカサトイモ	3	*sewa Pingelap*（ピンゲラップ島）、*sewa Seipan*（サイパン島）、*sewa wai*
ココヤシ	4	*ni mau*（緑色と赤色の中間色）、*ni sol*（黒色）、*ni weisahsa*（赤色）、*ni Kosrae*（コスラエ島）
タコノキ属植物	11	場所名：*Mwasel*（マーシャル諸島） その他：*aspwihrek*、*eisesoul*、*esies*、*ezera*、*kaparin mwahsez*、*makesokosok*、*mwisamwis*、*nenekehsak*、*sohn meneia*、*suwaipwehpwe*

*1：Yamamoto et al.（2015a）を一部改変。

パンノキ・バナナ・イモ類―島の主要なデンプン源―

パンノキはクワ科の常緑高木で、オセアニアが起源地と考えられている。[11] ピンゲラップ島では種子あり（二倍体、ゲノムを二セット持つ）が二種、種子なし（三倍体）が四種、計六種の在来品種が利用されていた（表2）。果実を収穫する時は、数メートルの棒の先に刃物などを取り付けた道具を持って木に登り、果柄の部分を刃物と棒の間に挟んでねじる。すると果柄が折れて、果実が地面に落下するので、それらを拾って集める。パンノキはデンプン源となる非常に重要な作物だが、家の敷地での出現頻度は約五三％とあまり高くなかった。その理由は、島内の他の場所にパンノキを植えているからで、一輪車を押してどこかへ行ったかと思えば、パンノキの果実を大量に積んで帰ってくる、という島民を見かけることもしばしばである。

種子のある品種については、完熟した果実を生食することができる。ある日、島内を歩いていると種子のある品種メイシの果実が地面に自然落下していた。新しく、まだ腐っていなかったため、食べてみた。甘い！　香りはパンノキ属の別

種子あり品種メイパの大木

種子あり品種メイシの落下した果実の一部（川西基博氏提供）

収穫したパンノキの果実

種子あり品種の茹で蒸した果実

リーリと呼ばれる料理

輪切りパンノキチップス

種ジャックフルーツに似ている。しかし、種子のある品種をこのように生食することは稀であり、種子あり・種子なしに関わらず、基本的には加熱した果実を食す。まず包丁やココナッツシェル、貝などで皮を剥き、六～八等分程度のくし型に切り、それぞれの中心部分を取り除く。くし型にした果実を水（またはココナッツミルク）で茹で蒸しにすれば(12)、果肉はホクホクとした、時にはねっとりとした食感で、果実自体に少し甘味があり、その味や香りはサツマイモとクリとの中間くらいである。島民も私たち日本人研究者も大好きな料理の一つである。ピンゲラップ島に滞在中、これまでに一度だけ種子のある品種の茹で蒸した果実を食べたことがある。果実はもちろんおいしいのだが、種子もクリのような食感・風味でとても美味である。子供のおやつによい、と島民は言っていたが、大人の私にも十分においしいおやつ（つまみ？）であると感じた。茹で蒸した果実（または皮付きの果実を直火で焼いた中身）を少しつぶして丸めたリーリ（lihli）と呼ばれる料理もある。また、皮を剥いた後にくし型にせず、中心部分のみを取り除き、輪切りにしたものを揚げて塩をふったパンノキチップスはポテトチップスのようだ。島ではお酒を飲めないけれど、もしここにビールでもあれば、とてもいいつまみになるのに、という一品である。

パンノキの収穫期には季節性があり、多くの品種は五月から九月くらいまでが最盛期で、その時期には毎日果実を食べたとしても有り余るほどの収穫があり、端境期には果実をほとんど得られない。そこで、最盛期にマルと呼ばれる発酵食品を作る（後述のソン・マルを参照）。

パンノキと同じくらい重要な作物で、一年中安定してデンプン源を供給できるのがバナナである。ピンゲラップ島では一二種の在来品種が確認された（表2）。島民によると、サトイモ科植物（マヤン）の耕作地の南側に、昔はバナナ畑（ネヌウィスとウィリアスという区域）があったようだ。五〇～六〇年前は、家の敷地にはバナナを植えず、この区域でのみバナナを生産していた。ただし、果実が熟すとネズミや鳥に食べられたし、集落から遠いので収穫が大変だったようだ。その後、一部の島民が家の敷地でバナナを栽培し始め、栽培できることがわ

茹でバナナ

自家製のおろし金でバナナの果実をする

irihr wis、羊羹のような食感、小麦粉を加えた場合は蒸しパンのようになる

kesihpereper

bali koi koi

果実をすって小麦粉と合わせて揚げた「テンプラ」

かると、他の島民も家の敷地にバナナを植えるようになった。

熟した果実を果物として食べるとはいえ、未熟な果実を主食として食べる割合が圧倒的に高い。茹でただけの果実、薄切りにした果実を焼いたり揚げたりした料理、輪切りにした果実を揚げたバナナチップス、ココナッツミルクや砂糖とともにバナナを練って焼いた料理（irihr wis）や茹でた料理（kesihpereper）、果実を縦半分に切り、その半分をすってココナッツミルクと混ぜて残りの半分にのせて茹でた料理（bali koi koi）、果実をすって小麦粉と混ぜた後に揚げた「テンプラ」や焼いたパンなど、多種多様な食べ方がある。バナナの葉はその大きな形状を生かして皿や包装、後述するウム（uhmw 地炉 earth oven）の被覆材などに用いられる。

イモ類も重要なデンプン源であり、その中でもサトイモ科植物のマヤン（*Cyrtosperma merkusii*）が一番よく食される。ピンゲラップ島では一〇種の在来品種が確認された（表2）。敷地での出現頻度は約八％と低いものの、島の中央部分にある湿地でマヤンを栽培しており（巻頭図2および第三章参照）、島全体としては他のイモ類と比べて圧倒的にマヤンの栽培面積が広く、個体数も多い。水田のようなどろどろとした場所でマヤンを栽培するため、畝立て、植え付け、除草、収穫などの作業が大変である。

マヤンを収穫したら、地下茎についている泥を水で洗い落とし、皮を剥いて適当な大きさに切ってから茹で蒸す。マヤンは繊維質で少し硬く、ぎゅっと詰まったずっしりとした肉質で、そのまま食べると「もさもさ」する。一口食べただけでお腹が一杯になったような感覚になり、私はあまり得意ではない。地下茎をすりおろしてからドーナッツ状にして茹でた料理（kariana）もあるが、その重量感、そしてもさもさ感は、そのまま茹で蒸した地下茎と大差ない。しかし、地下茎をすりおろし、バナナの葉などで包んで水で茹で、茹であがったものに砂糖やココナッツミルクを加えて搗いた料理（soro）、地下茎をすりおろして小麦粉と混ぜて揚げた料理（perai mweiang）などは、マヤンのあの力強さが鳴りを潜め、個人的には食べやすい。

その他のイモ類では、ヤマノイモ属植物、サトイモ、アメリカサトイモ、サツマイモなどが利用されている。

マヤンの耕作地

マヤンの地下茎を茹で蒸したもの

マヤンの地下茎をすりおろし、ドーナッツ状にして茹でたもの

soro

地下茎をすりおろして小麦粉と混ぜる→

それを揚げるとperai mweiangのできあがり

ヤマノイモ属植物（真ん中）、つる性のため樹木などにはわして上向きに仕立てる

ヤマノイモ属植物の根茎（担根体）を茹でたもの、ほくほくしておいしい

サトイモ

アメリカサトイモ

タシロイモ

インドクワズイモ

ヤマノイモ属植物は、ポンペイ島では食用としてだけではなく儀礼にも利用され、非常に重要な作物の一つとなっているが、[13] ピンゲラップ島ではあまり栽培されていない。ピンゲラップ島を含むポンペイ州の離島部では、サンゴ由来の土壌のアルカリ度が高いため、ヤマノイモ属植物の生育がむずかしいと考えられている。[14] そのためか、ヤマノイモ属植物が儀礼に利用されるのをピンゲラップ島では見たことはなく、食用として細々と栽培されている程度である。サトイモとアメリカサトイモについては、前者よりも後者の方が様々な土壌条件に適応できるからなのか、[15] ピンゲラップ島ではアメリカサトイモの個体数の方が多い傾向にある。これらのイモ類は、茹で蒸しにして食べることがほとんどである。

現在は利用されていないイモ類にタシロイモとインドクワズイモがある。島民によると、タシロイモは過去に利用していたが、インドクワズイモはよくわからないとのこと。ミクロネシアの他地域や東南アジアでの事例を考えると、ピンゲラップ島でも昔はインドクワズイモを利用していたのではないかと思われる。[16] 両種とも、精製や毒抜きなどの処理が必要で手間がかかるため、輸入食品を含めた食べ物を容易に入手できる現在の状況では、あまり必要とされていないのだろう。

果物類—ココヤシとタコノキ属植物が重要—

次に果物類を見てみよう。ココヤシは、飲料、調味料、燃料、建築や工芸の材料などに利用される。家の敷地での出現頻度が約八〇％と高いことからも、その重要度がわかる。家の敷地内だけではなく、島のあちこちにココヤシは植えられている。島には四種の在来品種があった（表2）。私たちの調査中に最も必要なもので、命の源と言っても過言ではないのがココヤシの未熟果の果水、つまりココナッツジュースである。炎天下で、島の中をくまなく歩いて調査をしていると、汗だくだく、というレベルではないぐらい汗をかく。数時間も経たないうちに、服や腕に「塩を吹く」ほどだ。ポンペイ島で購入したペットボトルの水やピンゲラップ島の雨水を飲んでもいいのだが、やはりココナッツジュースの方が良い、いやそうでないと駄目だ。歩きまわって疲れてくると、日陰に座って休憩をする「ココナッツブレイク」の時間をつくる。そして、島民に用意をしてもらったココナッツジュースを飲む。ココナッツジュースはほんのり甘く糖分の補給ができる。その上、カリウムなどのミネラルに富むので塩分補給もできる。午前の調査で一～二回、午後の調査でも二回ほど「ココナッツブレイク」をとる。時間にすると一回一〇分くらいだが、それだけで十分。さあ調査を再開しようという気力が湧いてくる。

もちろん島民にとっても必要不可欠な飲料である。基本的には若い男性や男の子が木に登るが、四〇代以上でもすいすいっと登ることができる男性もいる。ココヤシの幹に足場を掘って階段状にしてあることもあるが、多くの場合は足場のない幹を手と足を使って（時には足を紐で縛って）よじ登る。てっぺんまで登り、いくつもの果実がなっている大本の果柄を山刀で切り落としたり、小果柄をねじ切って果実を一つずつ下に落としたりする。ココナッツジュースを飲んだ後の果実を割ると、ココナッツシェルの内側に乳白色・半透明のゼリー状の胚乳がある。ぷるんぷるんとしていて、ほんのりココナッツミルクのような甘味・香りがする。子供も大人も関係なく、みんなのおやつになる。果実が熟してくると胚乳が硬くなり、その部分がココナッツミルクの原料となる。

少し熟度が進んだ果実については、木または金属の棒の先端を尖らしたもので皮（中果皮＋外果皮）を剥く。尖った部分に果実を刺して少しひねると、皮が浮かび上がる。刺す部分を少しずつずらして何度かひねると、すべての皮が剥けてココナッツシェルに覆われた核果が得られる。山刀で核果をコンコンとたたくと、半分に割れる。ココナッツシェルの内側には、数ミリメートルから一センチメートルほどの油分に富んだ硬い胚乳（ering）がある。果実の熟度が進むほど胚乳は分厚くなり、果水の量が減る。さらに熟した果実には果水がなく、果水が入っていた部分には白いスポンジ状のパル（par）が詰まっている。

半分に割った核果を手に持ち（パルが詰まっている場合はパルを取り除いてから）、先端がのこぎり状の金属

男の子がすいすい登る

おじさんだって登ることができる人もいる

収穫したココヤシの未熟な果実

金属の棒の先端を尖らしたもので皮を剥く

ココナッツジュースをおいしそうに飲む双子の女の子

果実を手に持ったおじさんたちの「ココナッツブレイク」

が取り付けられた椅子に座り、のこぎり状の部分で胚乳をごりごり削る。たまった削りかすを絞った液体がココナッツミルクになる。ココナッツミルクは、パンノキやバナナなどを煮るときに用いられたり、少し煮つめて料理にかけられたり、スープに使われたりする。また、ココナッツミルクを長時間煮つめて静置すると上側に油の層ができる。この油がココナッツオイルである。食用油として使うほか、水浴び後のローション、日焼け止めなどに用いられる。

白いスポンジ状のパルは、そのままかじるとサクサク、そして口の中にココナッツミルクのような液体がジュワーと広がる。パルをすりおろし、砂糖や水を加え、時には氷も加えた飲み物ダロック（daloak）を作ることがある。うまく表現できないが、薄めた練乳にココナッツフレイバーを加えたような風味。また、ココヤシの熟した果実をウムにいれて加熱したパル（ウム・パル）は、中がほくほくしており、スイートポテトのようである。ココヤシの幹や葉は建物や日用品の材料として用いられる。また、葉を編んで団扇《うちわ》や帽子、鞄、容器などを作るし、小葉の中軸を集めて箒《ほうき》を作ることもある。調査中に七〇代の女性が帽子を編んでいる場に遭遇したことがある。ココヤシの葉の色のままの細長い葉片と、青紫色の葉片とを編み込んでいる。どうやって染色したのかに興味をおぼえて尋ねてみたところ、現在は食品着色料で赤やら黄やら青やらに染色できるが、昔はカーボン紙を茹でて、そこに葉を入れて青紫色に染めていたそうだ。まさかカーボン紙にそのような利用方法があったとは知らなんだ。

ここでコプラプロジェクトを紹介しよう。コプラとはココヤシの胚乳を乾燥させたものである。島でも昔はコプラをたくさん生産して現金収入を得ていたようだが、価格が下がったなど様々な理由が重なり、コプラ生産は低迷していた。しかし、二〇一三年八月に島を訪れた時、診療所の近くにある支所の倉庫がココナッツオイル工場（とは言い過ぎかもしれないが）になっていた。急な展開だな、と思ったら、やはり海外からの援助だった。しかも日本の援助という。二〇一三年一月にプロジェクトは始まった。バージンオイルは一米ガロン当たり一〇

ココヤシの熟した果実の核果（真ん中がパル、そのまわりが胚乳、一番外側が核殻）

先端がのこぎり状の金属が取り付けられた椅子に座り胚乳を削る

ココナッツミルクでバナナを煮る

パルをすりおろし、砂糖や水を加え、時には氷も加えた飲み物ダロック

ウム・パル

胚乳をナイフで小片にして豚の餌にする

ココヤシの乾燥させた葉で帽子を編む

ココヤシの乾燥させた葉で団扇を編む

ココヤシの新鮮な葉で籠を編む→

その籠にココヤシの果実を入れて持ってきてくれた、右奥のバナナの入った容器も新鮮な葉で作られたもの

パパイヤの果実をココヤシの新鮮な葉で作った器に入れて持ってきてくれた

ココヤシの新鮮な葉で編んだ鞄

支所の倉庫がココナッツオイル工場に

機器を稼働させるために屋内に設置された太陽光パネルの蓄電池

削った胚乳を天日で乾燥させる

コプラ

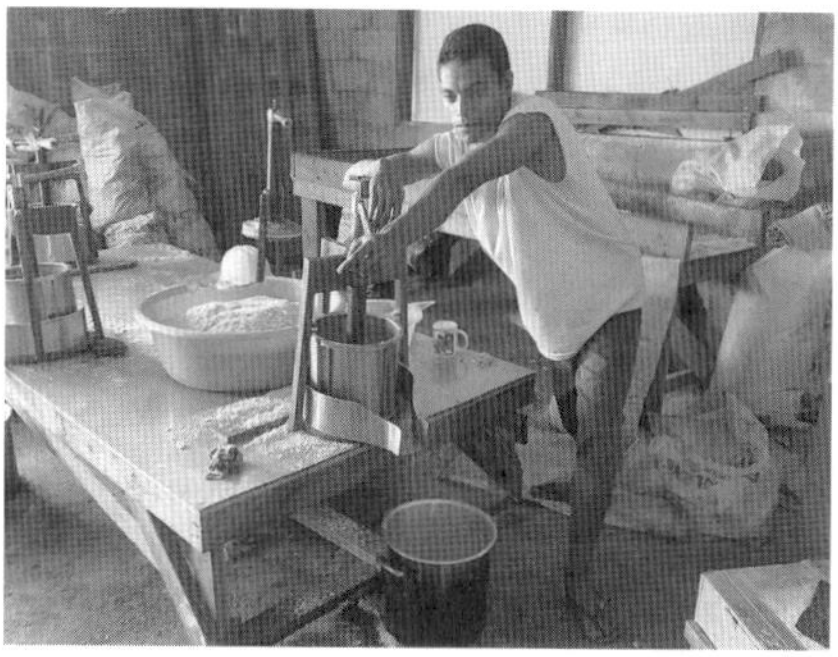

コプラを絞りココナッツオイルを得る

プラスチック容器にココナッツオイルを詰めて出荷

米ドル、残渣も乾燥させて五〇パウンドの袋につめて八米ドルでポンペイ島の業者に売る。二〇〇個のコプラから五～六米ガロンのココナッツオイルを得られるそうだ。一部の島民はプロジェクト自体に雇われており、一時間当たり一・七五米ドル、二週間で一〇〇米ドル程度の収入があるようで、現金収入源の少ない島においては願ったり叶ったりだ。二〇一四年八月に訪れた時は、プロジェクトを今後どのように進めるのか担当者らが話していた。「一日三〇〇〇個集めるとして、一週間で一五〇〇〇個。一個一〇セントで買い取りなので、一週間で一五〇〇米ドルの収入になる。セクションや家族で話し合って収穫量を決めればよいのではないか」とか「二万本のココヤシが島にはあり、自家消費用のことを考慮しても、一カ月一樹当たり三個の果実を収穫しても十分持続的にやっていける」などと議論している。現在は天日で胚乳を乾燥させているが、それだと時間がかかるので、カンソーバ（火力によって胚乳を乾燥させる、日本統治時代に同様の方法が用いられていたらしく、現在でも日本語由来のカンソーバという言葉が残っている）を使った方がいいのではないか、との意見も出ていた。どうなるのかな、と毎年観察していたら、二〇一七年八月に訪問した時はココナッツオイル工場が稼働していなかった。機械が故障したらしく、その部品を交換したいが予算がなく、操業を停止したようだ。二〇一八年に新しい村長が選挙で選ばれ、新村長はココナッツオイル工場の再稼働を目指して、日本政府や他の機関に支援を要請しているらしい。うーん、やっぱり外からの援助ではなく、自発的に、自己資金で工場を運営しないと、長期的にはなかなか厳しいのではないだろうか。援助とは何をよしとするのか、本当に難しい問題である。

タコノキ属植物（いわゆるパンダヌス、奄美・沖縄地域ではアダンと呼ばれることが多い）もピンゲラップ島では重要な作物である。家の敷地での出現頻度が約六七％で、敷地以外でも様々な在来品種（一一種）が主に海岸付近、時には島の内部にも分布している（表2）。ミクロネシア連邦では、西部よりも東部の方がタコノキ属植物の種類が多く、そして重要度が高いように思う。ミクロネシア連邦の東南東に位置し、ミクロネシア連邦と比べて降水量の少ないキリバスでもタコノキ属植物は非常に重要視されている。[17] 食用としては、熟した果実の小

タコノキ属植物の熟した果実

小核果の硬い部分を包丁で切り落としてしがみやすくする

葉の両端にあるトゲトゲを切り取る

トゲトゲを取り除いた葉を天日で乾燥

鉄の棒などでなめす

いつでも工芸用に使えるタコノキ属植物の乾燥させた葉

核果をしがんで甘い果汁を楽しむ。繊維が歯にはさまって閉口することも多いが、香りがよく、甘味も強く、おいしい果物である。ただし、すべての品種が食べられるわけではない。品種によっては、果実をしがむと口のまわりや口の中がイガイガし、かゆくなるため、島民は食べられる品種、食べられない品種をきっちりと見分けている。島民によると、熟した果実をすりおろし、小麦粉と混ぜてバナナの葉などで包み、ウムに入れて蒸し焼きにした料理を昔は食べていたそうだ。

果実よりも重要なのは葉であろう。この島ではココヤシよりもタコノキ属植物の葉の方が建築や工芸の材料としてよく使われている。タコノキ属植物の葉の両端には、鮫《さめ》の歯のようなのこぎり状の棘《とげ》がある。これがとてつもなく痛い。足元をよく見ずに島内を歩いていると、タコノキ属植物の枯葉を蹴飛ばしてしまい、足首や足の甲などをざっくり切ってしまう。のこぎり状のため、すぱっと切れるわけではなく(そうであれば治りも早いのだが)、意外と「痛々しい」切り傷になる。そのため、タコノキ属植物の葉を採集してきたら、まずその「トゲトゲ」を包丁で取る必要がある。タコノキ属植物の葉は、葉の根元から葉の先に向かって繊維が走っているため、トゲトゲのすぐ下に包丁をいれて、すーっと繊維に沿って包丁を動かすと、トゲトゲの部分だけをきれいに取り除くことができる。その後、葉を直火にあてて柔らかくしてから天日で乾燥させる。乾燥させた葉を鉄の棒などでなめせば、工芸の材料になる。

伝統的な家屋の屋根や壁を作るときにはタコノキ属植物の葉が欠かせない。葉を編んで作った部品を屋根に葺いたり、壁にしたりする。多くの場合は自分たちで作るが、家族・親戚の手が回らないときなどは、他の家族にお願いして、部品一セットを七五セントで作ってもらうこともあるそうだ。伝統的家屋は風通しがよく、とても涼しい。その代わり、夜になると蚊に悩まされることもある。その場合には、私はシーツを頭から足まですっぽりかぶり、まるでミイラのようにして寝る。息苦しくないのかと同僚に言われるが、そこまで気にならない。蚊に安眠を邪魔される方がよっぽど不快だから。

タコノキ属植物の葉で作られた伝統的家屋

タコノキ属植物の葉を編んで作った家屋の部品

部品を1つずつつなぎ合わせて屋根や壁にする

家屋の中から見た屋根

タコノキ属植物の葉で敷物（iroap）を編む様子

タコノキ属植物の葉で編んだ小物入れ（pwoakou sikisik）

パパイヤの未熟果を千切りにしてマヨネーズと和えたサラダ

パパイヤの未熟果を野菜として加えたラーメン

フトモモ属植物の樹形

フトモモ属植物の果実

女性の後ろにあるのがサトウキビ

ある日の食事にサトウキビがデザートとして出てきた

タコノキ属植物の葉で敷物や小物入れなども作る。ココヤシの葉で敷物を作ることもあるが、多くの場合はタコノキ属植物を利用する。なぜだろう。材料の得やすさなども関係しているかもしれないが、両方の敷物の上で寝て比較してみるとわかる。ココヤシよりタコノキ属植物の葉の方が分厚くて柔らかい。寝心地がいいのだ。日本のゴザよりも気持ちがいいのではないかとさえ思えたので、島の人に畳一畳分ほどの敷物を一枚作ってもらい、一五米ドルで購入し、日本へ持ち帰った。暑い夏の夜などに重宝している。

パパイヤは、家の敷地での出現頻度が約四五％で、島内のあちこちにも自生した個体があり、比較的容易に果実を得られる。熟果を果物として、未熟果を野菜として利用する。フトモモ属植物（オオフトモモ？）も栽培されており、その果実は円錐台で熟果は赤く、甘味は少ないもののみずみずしくて少し渋い。渋味によって口の中が「きゅっ」となる感覚や、しゃきしゃきとした食感は、私の好みに合う。果物ではないかもしれないが、サトウキビも栽培・利用されている。ただし、家の敷地での出現頻度は約九％で、島内で大々的に栽培されている場所もないため、おやつとして時々、利用されるぐらいだろう。

香辛料・野菜類

調味料・香辛料については、輸入品（醤油や塩など）に大きく依存している状況の中で、島内で得られる柑橘類と唐辛子は貴重な存在である。柑橘類では、ライムのような形の果実で、種子が少なくジューシーな karer mototo と、レモンのような形の果実で、種子が多く酸味の強い karer rei の二種類を確認できた。唐辛子については、トウガラシ（*Capsicum annuum*）とキダチトウガラシ（*C. frutescens*）が栽培されていたが、主にキダチトウガラシが利用されていた。キダチトウガラシには、果実の長さが一～二センチメートルと小型で、未熟果の色が緑色のタイプと、果実の長さが二～四センチメートルで、少しぷっくりしており、未熟果の色が黄緑のタイプの二種類があった。前者の方が辛いため、辛いのが好きな人は前者、マイルドなのが好きな人は後者を食べる傾向にあった。柑橘類と唐辛子の利用方法は、ピンゲラップ島と日本とで大して違わないが、ピンゲラップ島では刺し身を食べるときにこの二つが欠かせない。醤油があれば、キダチトウガラシの果実を醤油の中で潰し、そこへ柑橘類の果汁を加える。醤油がなければ塩でもよい。塩味・辛味・酸味が絶妙に合わさったつけだれは、刺し身にとてもよく合う。

野菜類に関しては、唐辛子やスピナッチ（*Alternanthera sissoo*）、チャイア（*Cnidoscolus chayamansa*）などの葉や、カボチャ類の果実が利用されているものの、全体的に見て野菜類は家の敷地でほとんど栽培されていない。

ミクロネシア連邦では、一九五〇年代までパンノキやバナナ、イモ類、魚介類などを中心とした「伝統的」な食生活が営まれていたが、[18] 一九六〇年代にアメリカ合衆国農務省が補助給食プログラムを開始して以降、米や小麦粉、砂糖、脂肪分に富む食品、輸入加工食品などの「近代的」な食事に置き換わっていったとされる。[19] 食事の近代化に伴い、糖尿病や高血圧、心臓疾患などの重大な健康問題を抱えることになったともいわれている。そのため、輸入食品と比べてカロテン類やビタミン類をより多く有する地元食材の利用、そして様々な野菜類の導入が政府や非政府組織によって奨励されてきた。

私が二〇一〇年八月に初めてピンゲラップ島を訪れた時も、外部からの資金で「野菜栽培」プロジェクトが進められていた。鶏などによる食害を防ぐために、キュウリやスイカ、アブラナ科の野菜がネットの中で栽培されていた。しかし、金の切れ目が縁の切れ目だったのか、「野菜栽培」プロジェクトはまるで存在しなかったかのように、二〇一二年八月には野菜畑がなくなっていた。もともと「野菜」をあまり食べる習慣のなかったピンゲラップ島の人たちに「野菜を食べなさい」と言ってもなかなか定着しなかったのだろう。また、島で容易に栽培できる作物ではないと長続きしないのではないだろうか。先述したスピナッチやチャイアは、おそらく過去の「野菜栽培」プロジェクトで導入されたものだと思うが、手をかけなくても勝手に生えている。つまり、栽培技術のほ

karer rei

左がkarer rei、右がkarer mototo

キダチトウガラシ（未熟果が緑色のタイプ）

キダチトウガラシ（未熟果が黄緑色のタイプ）

刺し身に添えられらた柑橘類とキダチトウガラシ

キダチトウガラシの葉を野菜として加えた魚のココナッツミルク煮

2010年の「野菜栽培」プロジェクト、真ん中手前がアブラナ科の野菜、ネットにはっているのがキュウリ

2018年の「野菜栽培」プロジェクト、左側手前がトマト、真ん中手前がアブラナ科の野菜

とんどいらない、そして島の環境に適応した作物であれば、島の食文化にだんだんと取り入れられる可能性が十二分にある。二〇一八年八月に再訪した時、またまた新たな「野菜栽培」プロジェクトが外部資金により始まっており、アブラナ科の野菜（ハクサイの仲間か？）やナス、トマトが畑に植えられていた。しかし、アブラナ科の野菜の葉は傷んで黒くなっているし、トマトの植物体は大きくなっているものの果実がなっていない。自然環境のせいなのか、栽培技術のせいなのかはわからない。ただ、うまくいっていないことだけはわかる。もしかしてこのプロジェクトも金の切れ目が、になるのだろうか。

ソン・マル

二〇一〇年八月にソン・マルという儀礼にたまたま参加したので、その時の様子を紹介しよう。ミクロネシアを含むオセアニアではパンノキに関する様々な儀礼が知られており、[20] ピンゲラップ島のソン・マル（八～九月の土曜日に開催）もその一つと考えられる。ピンゲラップ島にはムゴムン（mwungomwung、六～七月の土曜日に開催、この儀礼の後、その年になったパンノキの果実を収穫できるようになる）など、パンノキに関する他の儀礼もあるようだが、まだ参加・観察をしたことがないので今回は割愛する。

ソン（song）は「味わう」、マル（mar）は「パンノキの果実の発酵食品」を意味する。パンノキの果実をたくさん収穫できるようになる五～六月からマルを作り始めるが、ソン・マルが開催されるまで、マルを食べてはならない。トーカサがソン・マルの日時を決め、ソン・マルで全島民がマルを共食した後、はじめて各家庭でその年に作ったマルを食べることができるようになる。マルは以下のようにして作る。収穫したパンノキの果実の皮を剥いて六～八等分程度のくし型に切り、それぞれの中心部分を取り除く。そして果実を麻袋に入れて海に一～三日浸ける。果実の匂いにつられて魚が集まっていないかな、と浸けている現場を見に行ったが、魚はたかっていなかった。その後一日程度地上で水切りをする。地面に穴を掘り、バナナやパンノキなどの葉を敷き、水切りをした果実を入れ、バナナやココヤシの葉で覆い、サンゴを置く。一週間ほどしたら、一度開けてドロドロになった果実をかき混ぜる。それを三回ほどすればマルのできあがり。地中に埋めていれば、少なくとも一年は持つそうだ。現在では果実を地中に埋めず、プラスチック製の衣装ケースやバケツなどの大きな容器に入れて、ビニール袋を用いて密閉し、地上で発酵させる場合もある。

さて、ソン・マルに話を戻そう。八月一四日の土曜日にソン・マルが開催されるため、島民は金曜日から着々と準備を進めていた。ある女性は、地中から取り出したマルを麻袋に入れて水を加え、水を絞り出している。マルの水洗い（put mar）をしているのだ。マルを舐めてみて酸っぱくなければ、また濁りがとれたら、水洗いを終える。四回ほどは洗うようだ。マルは発酵臭がすごく、そのまま食べると酸味も非常に強い。ミクロネシア連邦のチューク州ではこの発酵臭と酸味を好むため、水洗いをしない。ミクロネシアの中でもパンノキの発酵食品の調理方法に違いが見られるのだ。水洗いをしたマルには発酵臭がなく、フルーティーな香りのみが残っていた。マルを麻袋から取り出すと、今度はこねる（kepel mar）。こねる前と後ではマルの柔らかさや弾力が全く違う。大変な作業だが、おいしく仕上げるためには必要な手間暇なのだろう。こね終えたマルをインドクワズイモの葉に包む。翌日までおいておくようだ。

《マルの作り方・調理方法Ⅰ》

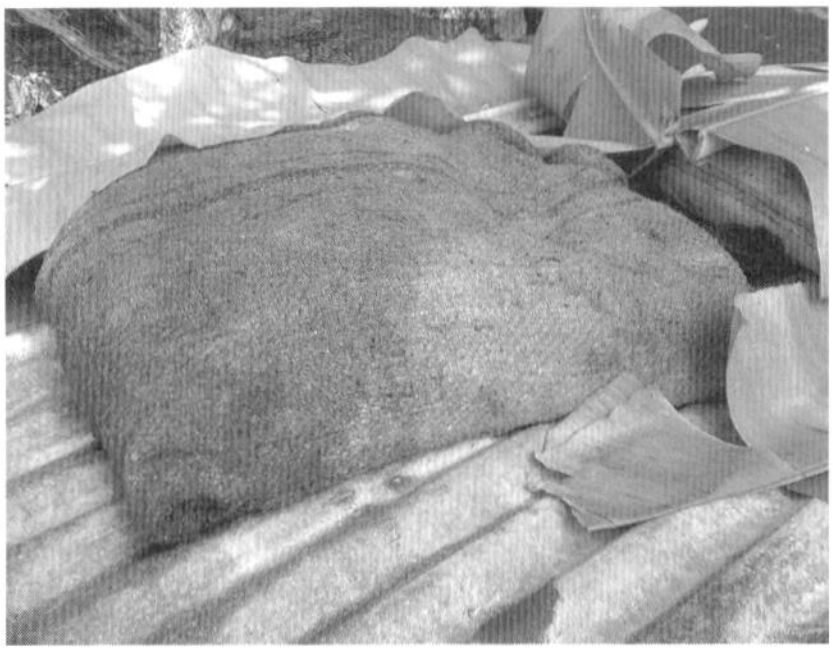

①パンノキの果実を麻袋に入れて海に浸ける

②海水に浸けた果実の水を切る

③果実を地中に埋める（サンゴが置いてあるところ）

④１週間ほどして開封する、まずサンゴをどける

⑤サンゴの下にあるココヤシの覆いを取り除くと→

⑥バナナの葉で包まれているのがわかる

《マルの作り方・調理方法Ⅱ》

⑦現在ではバナナの葉の下にビニール袋を二重にして使っていた

⑧覆いをすべて開けて、マルを混ぜる

⑨プラスチック製の衣装ケースの中で作られるマル

⑩プラスチック製のバケツでもマルを作ることができる

⑪マルを調理するときにはタライなどに取り出す

⑫取り出したマルをリアカーで調理場まで運ぶ

《マルの作り方・調理方法Ⅲ》

⑬地中から取り出したマルに水を加える

⑭水を絞り出し発酵臭や酸味を取り除く

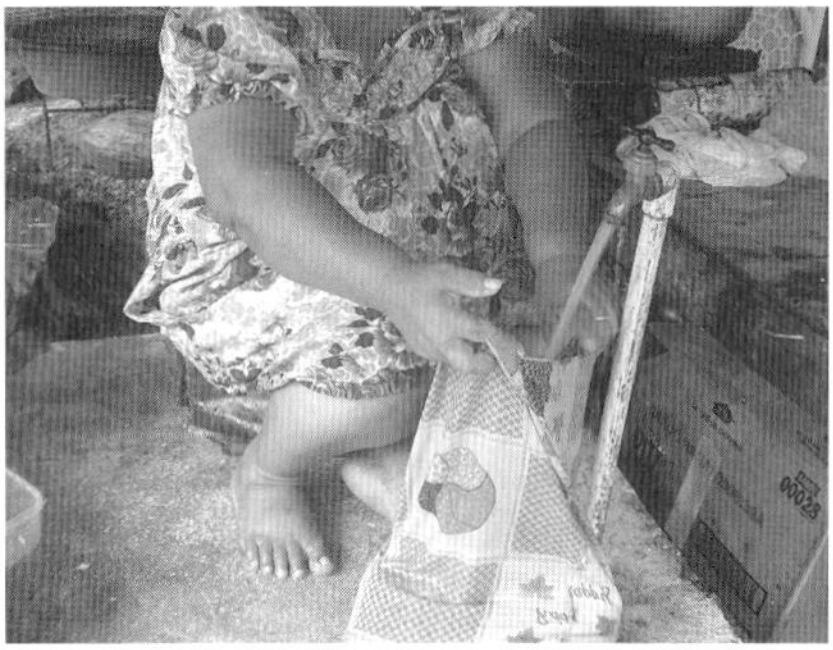

⑮布袋にマルを入れてまた水を加える

⑯水洗いをしたマルをこねる

⑰こねたマルをインドクワズイモの葉で包む

⑱インドクワズイモの葉で包んだマルをタライに入れて翌日までおいておく

女性たちがマルの準備をしている頃、夕刻から夜にかけて男性たちはカヌーで漁に出る。ソン・マルに欠かせないオイルフィッシュ（バラムツの仲間と思われる、現地名 teikanpeng）などを釣るためだ。環礁の外へ、つまり外洋へ出なければならないのだが、今夜は風が強く海は荒れ模様。それでも島の男性たちはつぎつぎと暗闇に消えていく。六月のムゴムンの時、同じように漁に出て、男性一人が文字通り「帰らぬ人」になったと言いながら。

土曜日の朝、私を含めた日本人三人がソン・マルの審査員をすることが急に決まった。各セクションでマルを準備しており、マルの出来栄えなどでセクションに順位づけをするらしい。マルを見たことも食べたこともない三人。審査をできるとは到底思えないが、責任は重大だ。昔は各家庭でマルを作り、それぞれのセクションの教会に持ち寄り、そこで出来栄えのよい二本を選び、各セクションがその二本をトーカサのもとに持っていったそうだ。現在は各セクション内で作業を分担して二本のマルを作り、ソン・マルに持ち寄る。

前日マルをこねて準備をしていた家に行き、作業を観察させてもらう。まず、マルを再度こねる。次に、これたマルに砂糖を一袋（二キログラム）加え、ココナッツミルクを少しずつ入れていく（直径四〇センチメートル、高さ一二センチメートルの桶一・五〜二杯分）。そしてまたこねこね。こねるのが終わると、木の板を用意し、板に八フィート（約二・四メートル）の印をつけている。その後、ウムの準備に取り掛かる。ココヤシの果実の乾燥させた皮や灌木《かんぼく》を縦一・六〜一・七メートル、横七〇〜八〇センチメートルほどの広さに並べ、その上にサンゴを置く。サンゴは約二〇キログラムの米の袋六杯分。ココヤシの苞（mokou）に灯油を少しかけ、先ほど並べたココヤシの皮や灌木に点火していく。けむたいほどの煙（kalahs）があがる。

作業場に戻り、板にココヤシの葉を乗せ、オオタニワタリ類（sehlik）の葉を裏側を上にして置き、バナナの葉を乗せる。砂糖とココナッツミルクを加えてこねたマルを中央に乗せていく。同じ厚さになるようにならす。指で深さを測り、均等な厚みかどうかを確かめた後、板の端から三つ編みの要領でココヤシの葉を編んでいく。

《マルの作り方・調理方法Ⅳ》

⑲前日用意していたマルを再度こねる

⑳こねたマルにココナッツミルクや砂糖を加える

㉑均一になるように混ぜる

㉒板に８フィートの印をつける

㉓ココヤシの苞に火をつける

㉔サンゴの下にあるココヤシの皮や灌木に点火

編みながら成形する。葉が少し破れると、オオタニワタリ類の葉で補修する。ついにできた。すばらしい見栄えである。女性たちの汗の結晶だ。少し短いものも作っている。長いものを semelekia、短いものを mar pikpik と呼び、これらを一本ずつソン・マルに持っていく。ウムの準備ができたのでマルをウムへ運ぶ。ウムを整地し、その上にマルを置く。マルの上にパンノキやインドクワズイモ、オオタニワタリ類の葉を置き、最後にバナナの葉ですべてを覆い、バナナの葉の周囲に砂をかけて密閉すればできあがり。サンゴの熱でマルを約二時間蒸し焼きにする。他のセクションの様子を見に行くと、そこではマルを鉄製の型に入れていた。また、ウムで最後に覆う葉にインドクワズイモを用いており、各セクション（各家庭）によって作り方にそれぞれこだわりがあるのかもしれない。

一六時頃にソン・マルが開催される教会へ向かう。大勢の男性がすでに教会の内外で待機していたが、女性が少ない。不思議に思って島民に聞いてみると、女性は各セクションの教会で待機し、それぞれのマルの順位がわかると、男性が走って知らせにいくそうだ。この教会があるセクションの女性しか集まっていなかったため、男性に比べて女性が少なかったのだ。私たちも教会に入る。

圧巻だ！　長いマルと短いマルのセットが四つある。そしてオイルフィッシュやカツオ類、キハダマグロなどがそれぞれのマルに添えられている。ついにソン・マルが始まる。教会関係者とナナワからのお言葉。そしてついに審査の時間となる。司会者が私たちのことを紹介する。そして「ソン・マルとはどういう意味ですか？」と私に聞く。一応まじめに英語で答えると、みんなが喜んでいる。そして八本のマルを味見していく。味、厚さ、長さ、なめらかさ、弾力性の五つの項目に点数をつけていかなければならない。初めて食べるので、どう評価してよいのやら。しかし食べ比べていくと、少しずつ違うことがわかる。舌触りが悪いもの、焦げ臭いもの、発酵臭がするものなど、おもしろかった。日本人三人が一番おいしいと評価したマルは、なんと同じセクションのものだった。とにかくなめらかで、もちもちしていて、そして甘かった（これは砂糖の甘さだろうが）。

《マルの作り方・調理方法Ⅴ》

㉕板の上にココヤシの葉を置き、その上にオオタニワタリ類の葉を並べる

㉖その上にバナナの葉を敷く

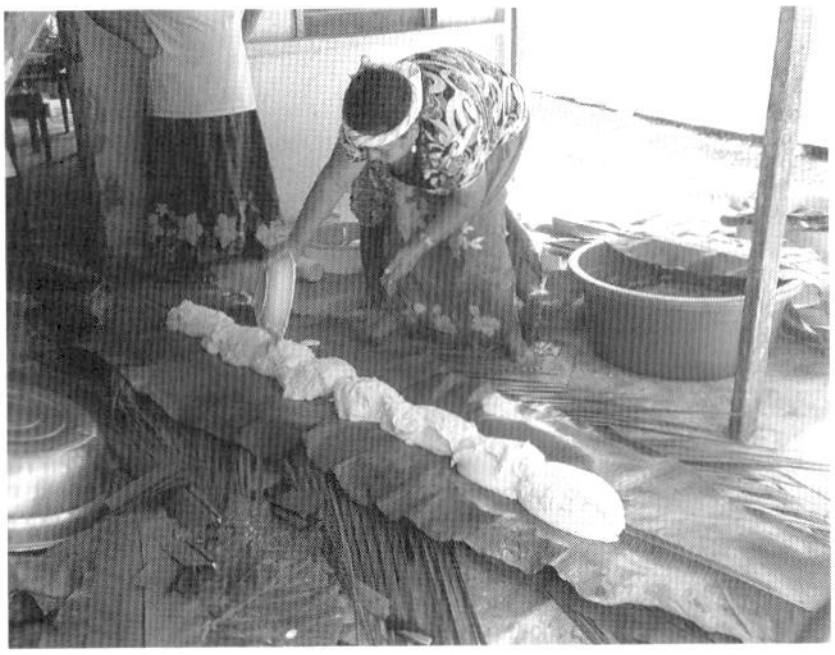

㉗マルを中央に乗せていく

㉘均等な厚みになるようにならしていく

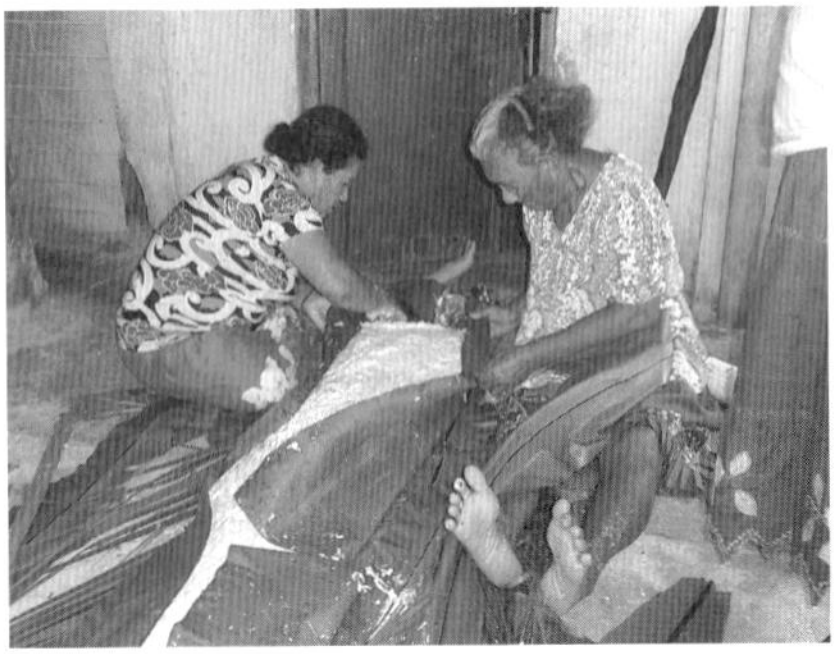

㉙成形しながらバナナの葉を折りたたむ

㉚板の端から三つ編みの要領でココヤシの葉を編んでいく

《マルの作り方・調理方法Ⅵ》

㉛準備完了

㉜マルをウムへ運ぶ

㉝ウムを木の棒で整地する

㉞マルをウムに置く

㉟マルの上にパンノキ、インドクワズイモ、オオタニワタリ類の葉を置く

㊱最後にバナナの葉ですべてを覆い、バナナの葉の周囲に砂をかけて密閉

《ソン・マル》

教会の中に並べられた各セクションのマルと魚

ソン・マルに欠かせないオイルフィッシュ

審査員が各セクションのマルの味や外観をチェック

ついにマルを共食する時がきた！

マルを片手に生のカツオ類にかぶりつく女の子

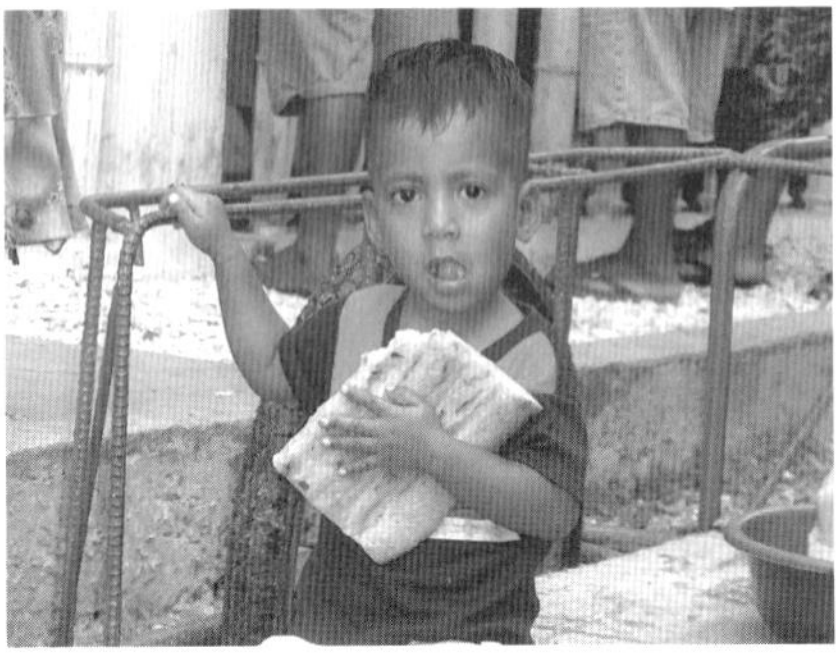

分配されたマルを抱える男の子

私たちが点数をつけ終えた後、村長代理などが各セクションのマルについて品評し、魚を分配し始めた。すると、急にわいわいがやがや騒がしくなる。みんながどやどやと長いマルや短いマル、魚を持ち出し、マルを切り分け、魚は生のまま、全員がむさぼり食い始めた。すごい勢いで食らいついている。待ちに待った瞬間！といったところか。女の子も魚を丸かじりしている。そういえば、この女の子はソン・マルの開始直前に刺し身をつまみ食いしていたな。

ついに順位発表の時。第一セクションが一位と発表されると、そのセクションの男性たちは大喜び。早速、第一セクションの教会にいる女性たちに知らせに行く。二位以下は、第三セクション、第四セクション、第二セクションの順番だった。ソン・マルが終了した後、マルと魚を片手に第一セクションの教会に寄ってみると、みんなで大騒ぎしていた。マルを作る過程を観察させてもらった女性は第一セクションに属していたようで、その女性の弾けんばかりの笑顔を見た時、私たちもとても幸せな気分になった。

島内や島周辺で得られる魚介類・陸上動物

環礁内での素潜りによる刺突漁、手釣り漁、竿釣り漁、投網漁、サンゴ礁における採貝、外洋での手釣り漁やトローリングなどで魚介類を捕獲する。ただし、トローリングはあまり行われていない。一部の島民は船外機付きのグラスファイバー製ボートを持っているが、島内に備蓄されているガソリンが少ないため、ほとんど利用しない。現在でも漁に出るときは環礁内外に関わらず伝統的なシングルアウトリガーカヌーを使う。また、二〜四月の夜間に行われる伝統的なトビウオ漁がある。ココヤシの葉を松明《たいまつ》にして、海から飛び出してくるトビウオ類を網で捕まえるらしい。

私は一度だけ素潜りによる刺突漁を島民としたことがある。夜七時に出発。初めての場所で漁をする場合は、本来は儀礼を行う必要があるが、「練習」ということにして儀礼を行わなかった。干潮だったので海が浅く、カヌーを押して歩く。熱帯とはいえ、夜の海は肌寒い。このあたりがいいだろうと男性が言うので、水中懐中電灯と銛を持って早速潜ってみる。夜間は魚の動きが鈍るから取りやすい、と頭ではわかっているのだが、魚がどこにいるのかすらわからない。一緒に潜っている男性は次々と捕まえていく。背びれに毒のある魚を捕まえたら、背びれをサンゴにこすりつけて除去しているし、ダツ類の頭は骨ばかりなので、その場で頭を手でもぎ取り、首から下のみを腰に巻いている紐に結わえている。ここに魚がいるよ、あそこに魚がいるよ、と教えてくれるが、うまくいかない。サンゴの隙間からウツボ類がにゅっと出てくるとぎょっとする。やっと銛が魚に突き刺さった！大物だ！ と思って魚を水面から出してみると、手のひらサイズ。がっかり。水中では魚が大きく見えるのだ。結局三匹しか捕まえることができなかったが、大満足。陸に戻ると男性の夫人が火を起こしてくれていた。夫人が魚を処理し、直火で魚を焼く。自分で捕まえた魚は、それはそれはおいしかった。

島の周辺で獲れた魚は、刺し身や直火焼き、塩煮、スープ、ソテー、素揚げなどにして食べる。得られた魚は島内で一パウンド当たり五〇セントで売買されることもある。また、小〜中型の魚であれば開いて、カツオ類やマグロ類であれば切り身にして、干物を作ることがある。海外に住む親戚へ干物を送ることもあるようだ。甲殻類はヤシガニやオカガニ、ゴシキエビ類、ウチワエビ類など、貝類は主にシャコガイ類、そのほかにはウミガメを食べる。ウミガメには禁漁期間があり、毎年訪れる八月は禁漁期間中であるため、なかなかウミガメにありつけなかったのだが、二〇一四年に一度だけウミガメを食べる機会を得た。禁漁期間外に捕獲し、サイコロ状に切った肉を冷凍庫に保管している島民がいたからだ。その島民は公共施設の電気を勝手に利用して冷凍庫を所持しているらしく、いい顔をしない島民も少なからずいる。その時はそんなこととは露知らず、醤油で甘辛く煮たウミガメをいただいた。ウミガメと言われなければ、牛肉か？と思うような味・食感である。ウミガメの資源管理は喫緊の問題だと理解している。しかしこれだけおいしいと、アジア・オセアニアの人々がウミガメを好んで食す

刺突漁で得られた魚

竿釣り漁、釣れた魚を口にくわえている

投網漁

シングルアウトリガーカヌー、1～2人用（右）と3～4人用（左）

パンノキの幹でカヌーを作る

刺突漁で自分で獲った魚を直火焼きにする

る理由もわかる。きっちりと保護をしながら、おいしくいただけるような仕組み作りを私は期待している。

陸上動物では豚が一番重要である。冠婚葬祭では欠かすことのできない家畜で、自分の世帯で必要な頭数を確保できない場合は、他の島民から「借りて」屠殺する。その「借り」を島民は明確に記憶しており、そこの家族からは何頭借りているから今度何かあれば返す、あそこの家族には何頭貸しているから次回は提供してもらえるはずだ、など複雑な網目状の貸し借りを島民間で行っている。豚の貸し借りを綿密に調査すれば、各世帯の関係性を可視化できるのではないだろうか。また、島民はお金が入用になった時、豚を屠殺し、販売することがある。島内価格は一パウンド当たり一・七五米ドル。一米ドルを一一〇円と仮定すると、百グラム当たり約四十二円。部位に関係なく塊として買うことを考えると、日本と比べてずいぶん安価だ。何より島内産の豚肉はとってもおいしい。私は幼いころから肉の脂身が大嫌いだった。牛肉なら赤身、お祝いでステーキだとなればサーロインよりヒレ、豚肉でもバラよりヒレ、鶏肉ならモモよりムネやササミ。ピンゲラップ島で島内産の豚肉の料理が出た時、すき焼き風に味付けされていたのだが、脂身が塊でたくさん入っているのを見て閉口した。しかし、島民に「脂身がおいしいんだから」と言われ、とりあえず一つくらいは食べておくか、と脂身のみを口に入れてみたら、脂身の概念が一変。私は、脂身を噛むとぶちゅっと油がでてくるのが嫌いだし、日本で食べる脂身の味そのものが嫌いなのだが、この脂身のおいしいこと。まず柔らかくない。どちらかといえば、肉のように硬く締まっている。そして油の味、というよりは、甘味しか感じない。島内では豚にココヤシの胚乳や胚乳の絞りかす、パルなどを多量に与えている。そのため、脂身も配合飼料などで育った豚とは全然違うのだろう。

そのほかには鶏や野鳥を食べる。鶏は放し飼いにされており、島のあちらこちらを自由に歩き回っている。そのため、肉がとっても硬い。しかし、スープにするとその出汁はコクがあっておいしい。野鳥(tobok や rehn など)は「銃」で捕まえるとのこと。たぶん空気銃のことと思われる。一度 rehn のココナッツミルク煮を食べたが、その肉はまるでカツオブシのような風味がして、ずっとしゃぶりつきたい味わいだった。

皮付きのまま格子状に切れ目を入れただけの刺し身を柑橘の果汁とココナッツミルクで和えた料理 lihsirak

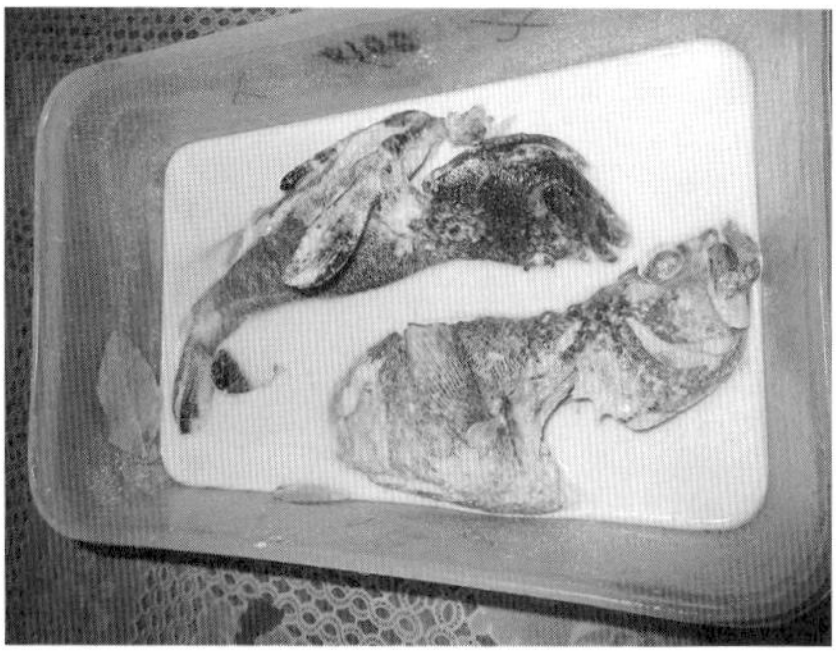

ココナッツミルクに塩を加えて煮た魚のスープ

魚の切り身を醤油で煮たスープ、野菜としてパパイヤの未熟果とスピナッチが入っている

魚の揚げ団子

魚の素揚げ

魚の干物を作っている様子

大型のヤシガニの直火焼き、食べごたえがあった

オカガニのココナッツミルク煮

ゴシキエビ類

ウチワエビ類

シャコガイ類の醤油煮

ウミガメすき焼き風

小屋の中で飼育される豚

足を紐で縛り、ココヤシなどの木にくくって飼育することも

豚の屠殺、心臓を一突き、血も残さず利用する

豚肉の素揚げ

豚肉すき焼き風

鶏

鶏の毛をむしっている

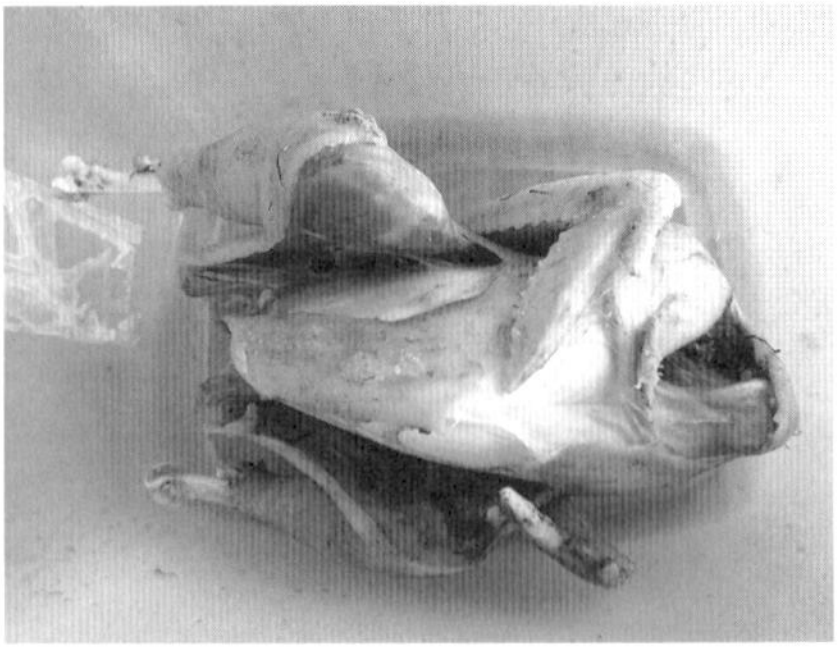

鶏をまるまる1羽煮たもの

鶏肉を加えたインスタントラーメン

野鳥tobok（手前）とrehn（奥）の毛をむしったところ

rehnのココナッツミルク煮

2018年6月に導入された山羊

アジア・オセアニアの一部地域では犬を食べることが知られている。[21]しかし、ピンゲラップ島では犬を食べない。というより、犬自体が一匹も島にいないのだ。昔はいたようだが、ある時に犬を飼うことが禁止になったらしい。その経緯を聞いても、島民はよく知らないようだったが、もしかしたら犬をめぐって何かいざこざがあったのかもしれない。二〇一八年六月には村議員の一人が食用として新たに山羊のつがいを島へ導入したようで、八月に島を訪れた時、すでに子供が一匹生まれていた。ただ心配なのは、日本では野生化した山羊による森林の破壊や固有植物の食害などが問題となっている離島があるため、今後の山羊繁殖状況や環境への影響を注視する必要があるだろう。

ピンゲラップ島での食事調査

島民の食生活の現状を明らかにするため、二〇一二年八月から二〇一四年一月に、二世帯（A・B）に対して食事調査を行った。調査表の項目は、主作物（米、小麦粉、パンノキ、バナナ、マヤン、その他）、魚介類（鮮魚、干物、缶詰、その他）、肉類（精肉、缶詰）、その他（インスタントラーメン、果物、野菜）とし、島民に毎日食べたものを記入するよう依頼した。各項目の頻度は、食事に出てきた回数／食事の総回数（朝・昼・晩×日数）で示す。例えば、食事三回につきパンノキを一回食べていたとすると、パンノキの利用頻度は三三・三％となる。

輸入米の利用頻度は世帯Bより世帯Aの方が高かった（表3）。その理由は、世帯Aの世帯主は支所の職員であり、安定した現金収入があるためと思われた。輸入小麦粉（パンやパンケーキ、ドーナッツなどを作る）の利用頻度は輸入米と比べて世帯A・Bともに低かった。島内産の主作物では、世帯A・Bともにパンノキやマヤンよりもバナナの利用頻度が一番高かった。ミクロネシアではパンノキが注目されがちであるが、実はバナナが主役なのだ。その他には、低頻度ではあるが、ヤマノイモ属植物、ウム・パル、ダロック、輸入ビスケットなどが

表3　2012年8月から2014年1月の18カ月間にピンゲラップ島の2世帯に対して行った食事調査結果[*1]

	世帯 A n=1611	世帯 B n=1608
主作物		
輸入米	65.7	33.2
輸入小麦粉	12.4	7.9
パンノキ	20.4	13.7
バナナ	41.2	22.5
マヤン（*C. merkusii*）	18.7	16.7
その他	5.2	1.5
魚介類		
鮮魚	67.4	54.9
魚の干物	0.2	0.1
魚の缶詰	2.8	1.0
その他	1.2	4.7
肉類		
生鮮肉	5.4	2.7
肉の缶詰	1.4	0.5
その他		
インスタントラーメン	22.5	9.9
果物	27.7	9.7
野菜	1.2	0.1

*1：Yamamoto et al.（2015a）を一部改変。nは調査期間中に得られた食事の総回数を示す。各項目の頻度は食事に出てきた回数／食事の総回数（朝・昼・晩×日数）で示した（単位%）。

利用されていた（表4）。

島周辺で得られた魚介類の利用頻度は一八カ月間を通して大きな変化はなく、鮮魚の利用頻度は世帯Aが六七・四%、世帯Bが五四・九%だった。干物の利用頻度は非常に低く、ピンゲラップ島ではあまり干物を食べないことがわかった。輸入食品の魚の缶詰の利用頻度は数%と低く、その他の魚介類（オカガニ、ヤシガニ、ウミガメ、イカ類）の利用頻度も同程度であった。肉類の利用頻度は、魚介類と同様に一八カ月間で大きな変化はなく、鮮魚と比べて利用頻度はかなり低かった。家畜を飼育しているとはいえ、ピンゲラップ島では生鮮肉を利用する機会があまりないことが明らかとなった。輸入食品の肉の缶詰の利用頻度も一%前後と非常に低かった。インスタントラーメンの利用頻度は、世帯Aが二二・五%であったのに対し、世帯Bでは九・九%であった。輸入米と同様、収入と関係があると思われる。果物類はバナナやタコノキ属植物の熟した果実がよく食され、野菜類はほとんど利用されていなかった。

世帯Aに対しては、その後も継続的に食事調査を行ったので、その結果を紹介したい。[22] 輸入米の利用頻度を見てみると、二〇一三年を除いて、月変動が非常に大きいことがわかる（図1）。その理由の一つとして、国内連絡船が長期間来島せず、島内の輸入米の在庫が少なくなった可能性があげられる（「ピンゲラップ島への交通手段」

の項を参照)。輸入小麦粉の利用頻度は、輸入米と比べて月変動が小さく、七年間を通して低いことが明らかとなった。パンノキについては、その利用頻度のピークが毎年異なっていることから、収穫の最盛期が年によって変わることが示唆された。バナナやマヤンは、パンノキの利用頻度が低くなったときにそれらの利用頻度が上昇する傾向にあり、デンプン源としてパンノキと相互補完関係にあると思われた。魚介類や肉類を見てみると、七年間を通して、それぞれの利用頻度の月変動や年変動が小さいこと、鮮魚の利用頻度が非常に高いこと、鮮魚以外はほとんど利用されないことがわかった。ピンゲラップ島の主要なタンパク源は環礁内外で得られる鮮魚だといえる。インスタントラーメンの利用頻度は、輸入小麦粉よりも少し高い傾向にあったが、七年間の平均値は一八%程度であった。

私が同様の調査をしているチューク州ピス島や、論文として食事調査結果が報告されているポンペイ島と比べ

表4　主作物（その他）、魚介類（その他）、生鮮肉、果物の内訳（2012年8月～2014年1月）[*1]

	世帯A	世帯B
主作物（その他）	n=82	n=23
ヤマノイモ属植物	15	0
ウム・パル[*2]	53	12
ダロック[*3]	6	8
ビスケット	8	3
パンシット（麺）	1	0
魚介類（その他）	n=19	n=73
オカガニ	11	43
ヤシガニ	7	29
ウミガメ	1	1
イカ類	1	0
生鮮肉	n=87	n=44
豚肉	77	n.a.[*4]
鶏肉	10	n.a.[*4]
ターキーテイル	2	n.a.[*4]
果物	n=447	n=150
バナナ（熟果）	227	80
タコノキ属植物（熟果）	172	37
パパイヤ（熟果）	32	33
フトモモ属植物	16	1

*1：Yamamoto et al.（2015a）を一部改変。nは調査期間中に得られた食事の総回数を示す。
*2：ココヤシの熟果の内部にあるスポンジ状の部分パル（par）を地炉などで加熱した料理。
*3：パルをすりおろし、砂糖や水を加え、時には氷も加えた飲み物。
*4：世帯Bについては、調査表に「meat」としか書いていない場合があったため、n.a.とした。

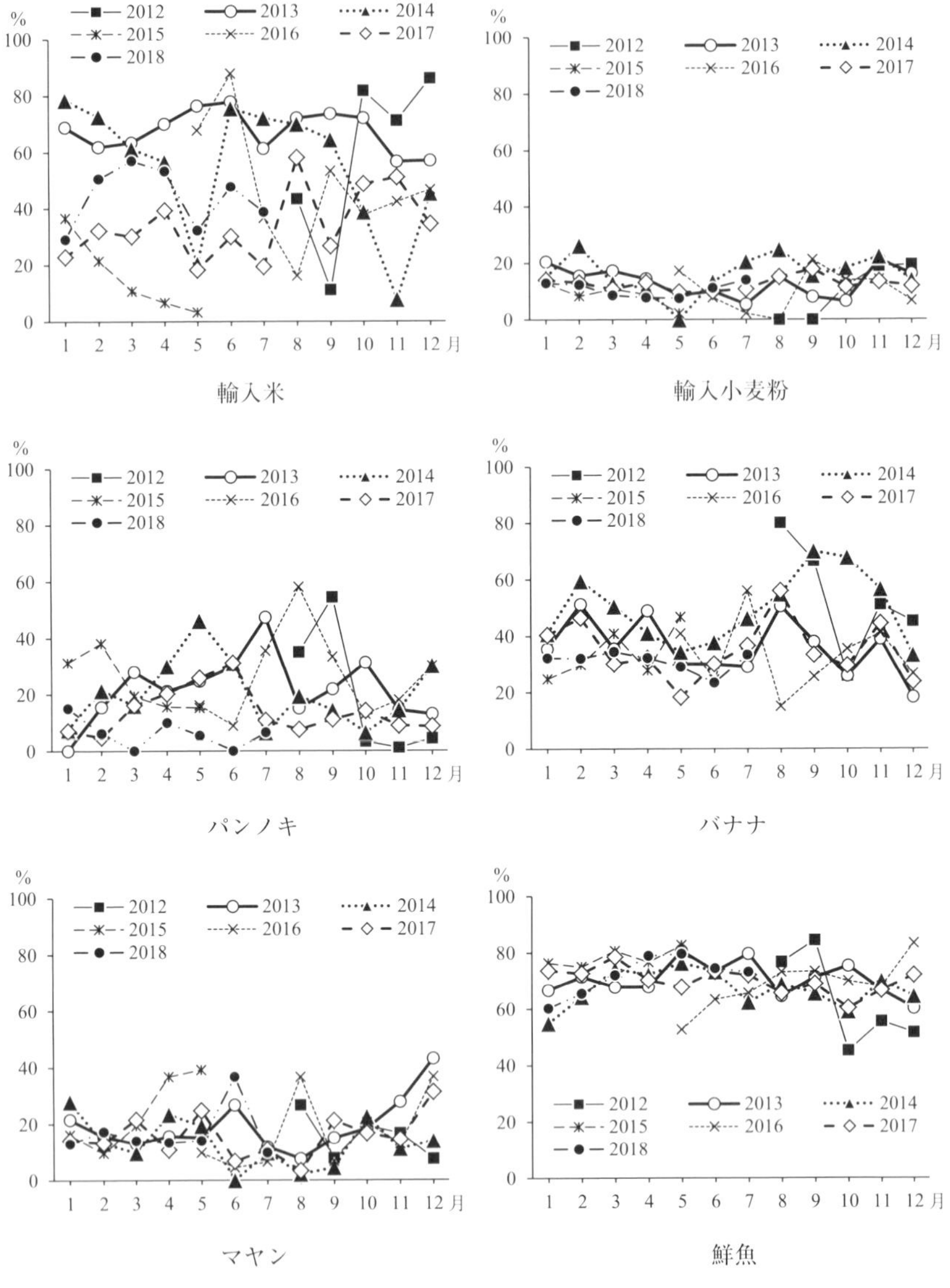

図1　世帯Aの2012年8月〜2015年5月および2016年5月〜2018年7月の食事調査結果（Yamamoto et al. [2015a] およびYamamoto [2019] をもとに筆者が作成）

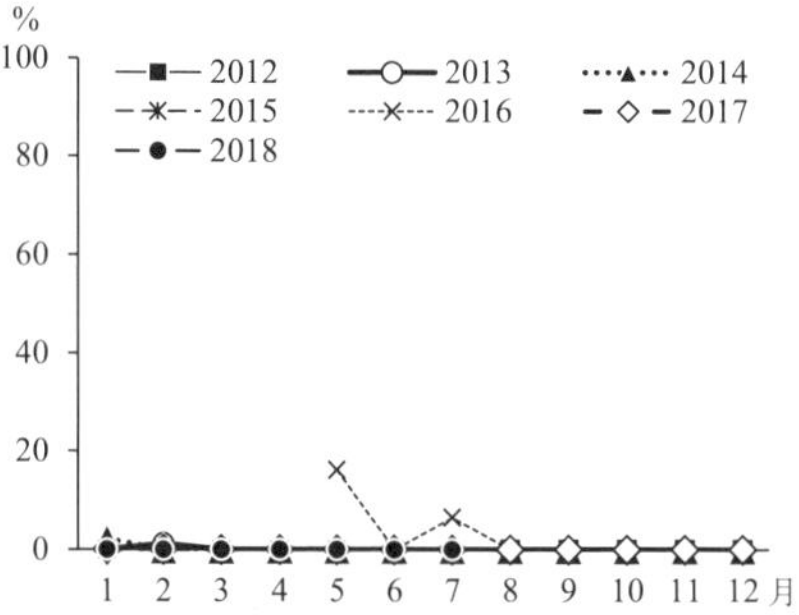

魚の干物

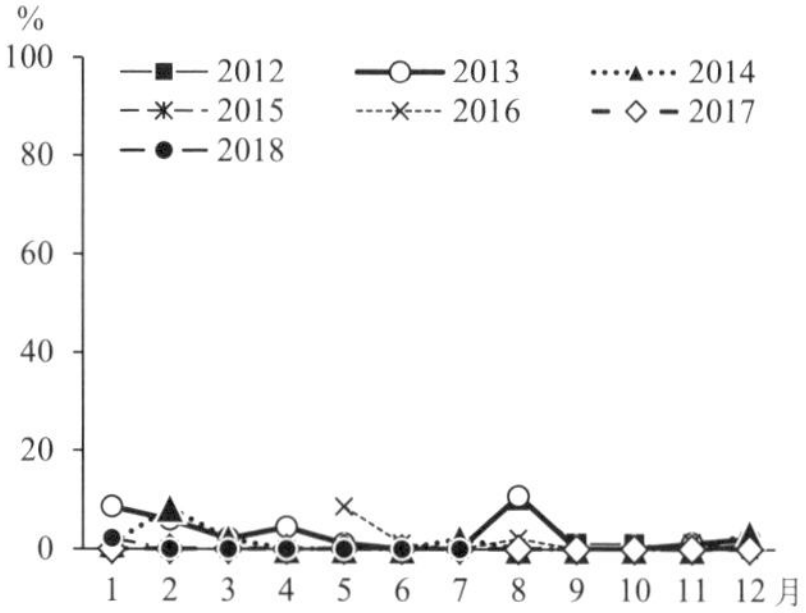

魚の缶詰

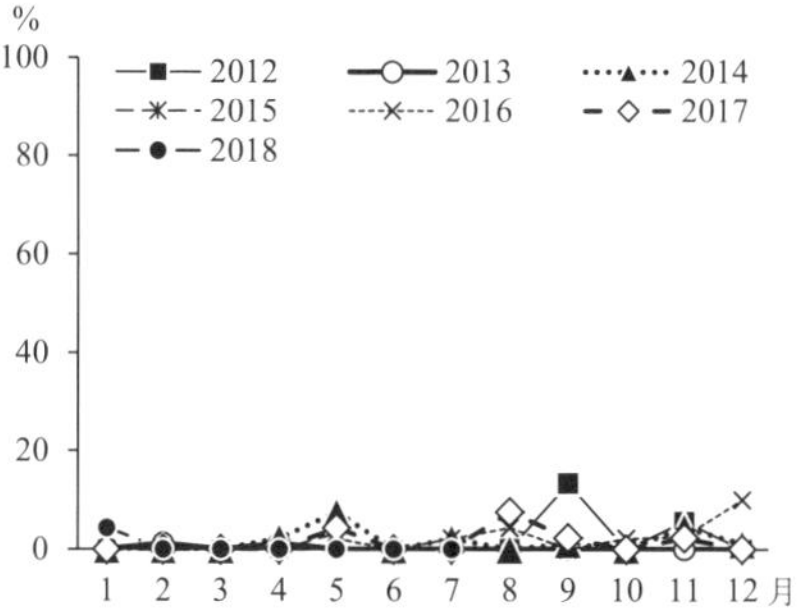

魚介類その他

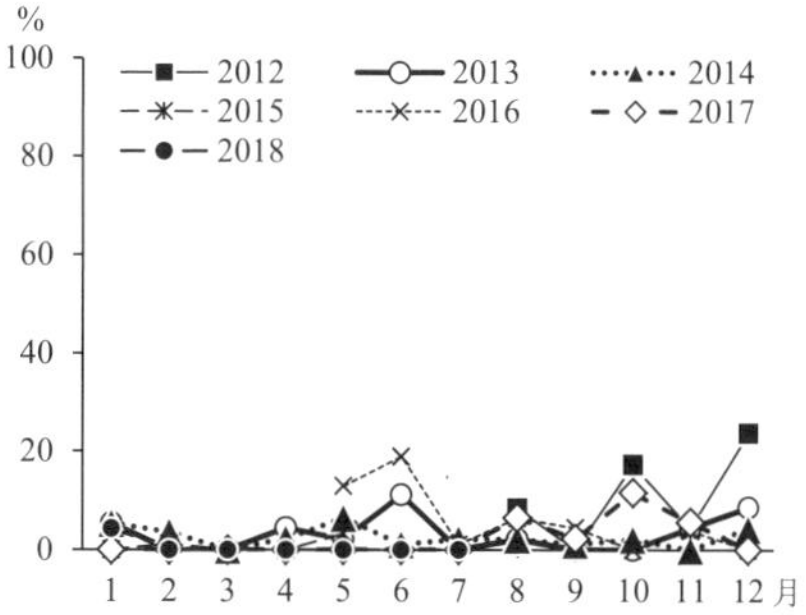

生鮮肉

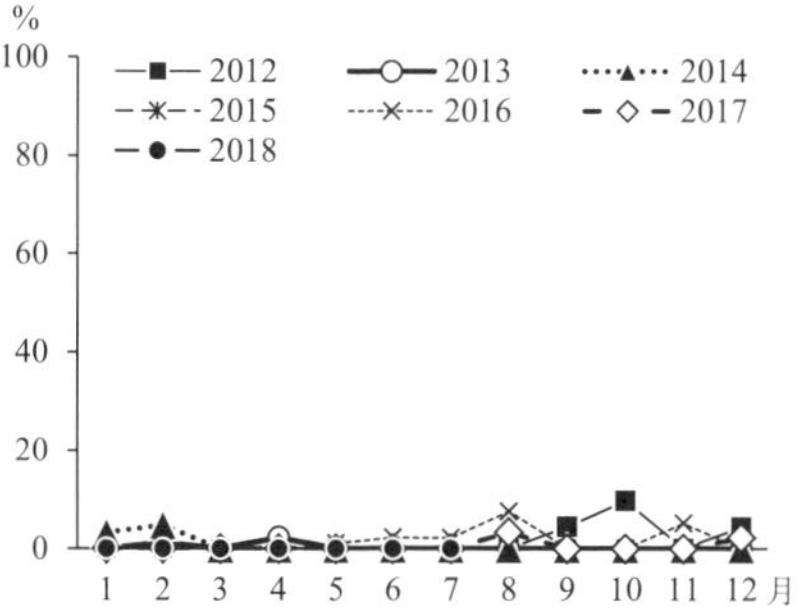

肉の缶詰

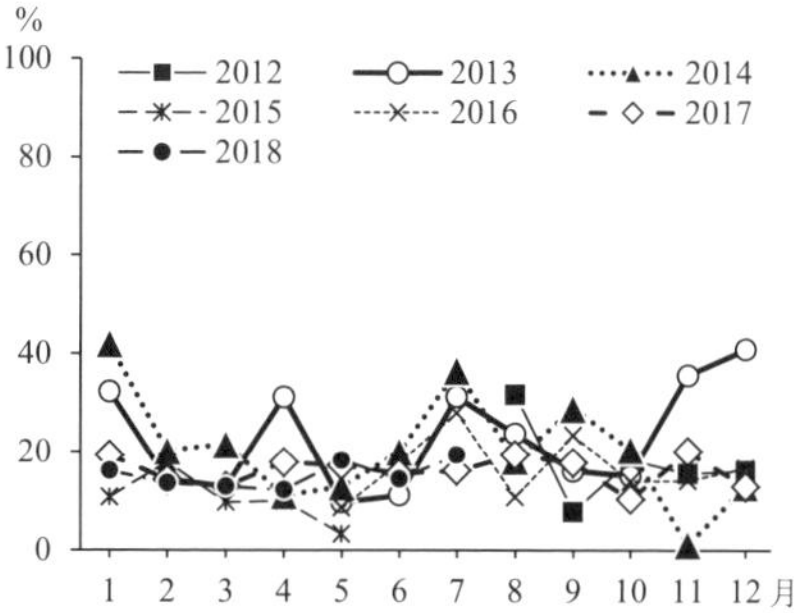

インスタントラーメン

図1　世帯Aの2012年8月～2015年5月および2016年5月～2018年7月の食事調査結果（続き）

ると、[23] ピンゲラップ島では輸入米以外の輸入食品の利用頻度が非常に低く、島内や島周辺で得られる作物や魚介類に大きく依存していることがわかった。先述した交通事情もあり、ピンゲラップ島では依然として伝統的な食生活が営まれているといえるだろう。

無人島へピクニックに行く

最後に、スコル島へピクニックに行った話で本章を終わろうと思う。調査が一段落したところで、支所が所有する船外機付きのグラスファイバー製ボートでスコル島へ行くことにした。干潮だったため、ボートまで浅い海を歩いて行く。海が温泉のように熱い。ボートに乗ってスコル島へ行くと、女性二人と子供たちがココヤシの果実や枯れた苞などを集めている。私は銛を持ってスコル島とデケ島の間の浅瀬にいざ出陣。足のつかないところでスノーケルをしていると、サンゴの下から大きなウミガメがひょこっと顔を出したのでびっくり！　こっちもびっくりだがウミガメもびっくり。追いかけようとするが、猛スピードで逃げて行った。ウミガメは陸ではのろまなのに、海だとあんなに速く泳ぐものなのだなと感心した。サンゴの群生のところへ行くと、ブダイの仲間がたくさんいる。銛を打つがあたらない。何度か大きめのやつが近くにきたので打つが、やはりだめだ。アジ科の魚も群れをなして目の前を通り過ぎていく。日中のため魚の動きが速い。私の腕では魚を突くことができなかった。船を停泊したところに戻ると、島民がヤシガニとオカガニを捕獲していた。オカガニは自分たちで食べるのではなく、豚の餌にするようだ。年配の男性が「ヤシガニでタバコのパイプを作ろう」と言う。どういうことだろうと見ていると、大きな前肢（ハサミ）の次にある肢の第一関節を切り取る。そしてざらざらした表面をナイフで削り、なめらかにしていく。タバコをさす方を少しずつ切っていき、整える。反対側の爪の先を少し切り（吸い口になる）、ココヤシの葉の軸などで中の身を取り出せばできあがり。とても簡単。でもとてもかっこいいパ

ボートでスコル島へ

ヤシガニの爪でタバコのパイプをつくる

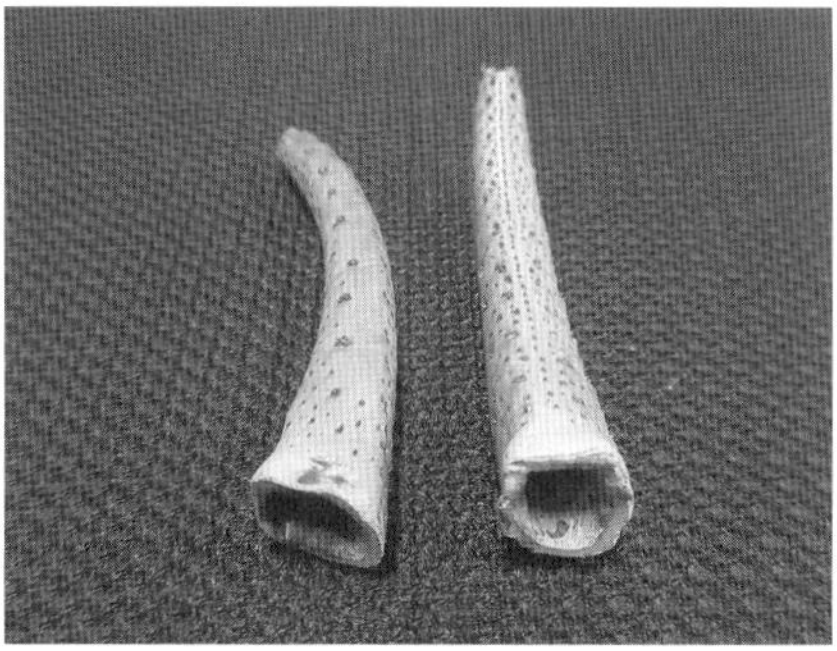

ヤシガニの爪のパイプ

スコル島で捕まえたヤシガニを直火で焼く

砂浜で花輪を持って待ち構える女性（野田伸一氏提供）

海へ引きずり降ろされ、沈められる、そして花輪を受け取る（野田伸一氏提供）

イプだ。さあそろそろ帰ろうといってピンゲラップ島へ行くと、三人の女性が浜で待ち構えている。同乗している男性が「カメラが濡れるから鞄にしまいなさい」と促す。どういうこと？　船が浜に近づくと、女性たちが近寄ってきて、肩をつかまれたかと思うと、そのまま海へ引きずり降ろされ、そして沈められた。浜にあがると、頭と首に花輪をかけてくれる。なんとこれも儀礼なのだそう。初めてスコル島やデケ島に行った時や、初めて漁に行って帰ってきた時に、このような儀礼を行うとのこと。これで私も少しはピンゲラップ人らしくなってきたかな、となんだかうれしかった。

注

（1）根菜農耕文化の特徴としては、①主要構成作物であるバナナ、ヤマノイモ属植物、サトイモ科植物、サトウキビを中心に、パンノキ、その他のイモ類、タコノキ属植物、ヤシ科植物などの栽培・利用が見られる、②無種子農業、③倍数体利用の進歩、④マメ類と油料作物の欠落、⑤掘り棒の農業、などがあげられる。根菜農耕文化の詳細については、中尾佐助『栽培植物と農耕の起源』（岩波書店、一九六六年）を参照。

（2）トウガラシ属（genus *Capsicum*）のすべての種を含めた総称として唐辛子を用いる。

（3）高宮広士・河合　渓・桑原季雄編『鹿児島の島々―文化と社会・産業・自然―』（南方新社、二〇一六年）の第六章「薩南諸島の唐辛子―文化的側面に着目して―」を参照。

（4）ピンゲラップ島の全色盲については、オリヴァー・サックス著　大庭紀雄監訳　春日井晶子訳『色のない島へ―脳神経科医のミクロネシア探訪記』（早川書房、一九九九年）や山本　學『ピンゲラップ島―全色盲のルーツをもとめて』（ＪＤＣ、一九八六年）を参照。

（5）Pohnpei Branch Statistics Office. 2002. 2000 FSM Census of Population and Housing: Pohnpei State Census Report. Pohnpei Branch Statistics Office, Division of Statistics, Department of Economic Affairs, National Government.

Kolonia, Pohnpei.

（6）ミクロネシアの母系社会の詳細については、須藤健一『母系社会の構造―サンゴ礁の島々の民族誌』（紀伊國屋書店、一九八九年）を参照。

（7）第一セクションはPeriku／Namahl、第二セクションはKahkahlia／Pelenkeus、第三セクションはMweniap／Peisik、第四セクションはSakarakapw／Ihlongと呼ばれる。日本統治時代には「いちくみ」、「にくみ」、「さんくみ」、「よんくみ」と呼ばれていた。それぞれのセクションにはセクションを表す「色」があり、第一セクションから順番に青色、白色、黄色、赤色である。ただし、トーカサがどこに属するのかにより、セクションの色が変わるようだ（トーカサが居住するセクションが基本的には黄色になる）。

（8）ミクロネシア連邦はアメリカ合衆国の教育制度の一つである八・四制を採用している。日本の教育制度に当てはめると、小学校の一年生から六年生と中学校の一年生から二年生が通う学校である。本章では便宜的に小中学校と表現する。ピンゲラップ島には九年生から一二年生（日本の中学三年生から高校三年生に相当）の通う高校がないため、高校へ進学したい場合は、ポンペイ島やハワイ州、グアム島などの島外に出る必要がある。

（9）砂糖、市販のイースト（ドライイーストまたはベーキングパウダー）、水、ココヤシの熟した果実の中身（わたわたの部分、現地語でパル）などを混ぜて、二四時間ほどおいておけば発酵飲料ができあがる。度数が結構高く、酸味、そして少し甘みを感じる飲料。より甘くしたい場合は砂糖を加えて飲む。

（10）本章の図表やデータの一部は以下の論文を引用している。Yamamoto, S., Kawanishi, M. and Nishimura, S. 2015a. Dietary patterns and food consumption survey in the Federated States of Micronesia: A case study in Pingelap Island, Pohnpei State. Tropical Agriculture and Development, 59(4): 161-169.

（11）Zerega, N. J. C., Ragone, D. and Motley, T. J. 2004. Complex origins of breadfruit (*Artocarpus altilis*, Moraceae): Implications for human migrations in Oceania. American Journal of Botany, 91(5): 760-766.

（12）材料の半分ほどしか水に浸かっていない状態で調理をするため、また蒸し煮よりは水を加えていると思われたため、便宜的にこの言葉を用いる。

（13）Balick, M. (ed.) 2009. Ethnobotany of Pohnpei: Plants, People, and Island Culture. University of Hawaiʻi Press,

Honolulu.

（14）遠城道雄　二〇一〇　ミクロネシア連邦で栽培される作物とその利用事例　鹿児島大学農学部農場研究報告　三三：二七～三〇

（15）Palaniswami, M. S., Shirly Raichal Anil and Singh, P. K. 2008. Agronomy and production technologies. In: Tuber and Root Crops (Palaniswami, M. S. and Peter, K. V. eds.), 147-178, New India Publishing Agency, New Delhi.

（16）大塚　靖・山本宗立編著『ミクロネシア学ことはじめ―魅惑のピス島編』（南方新社、二〇一七年）の第二部第二章「伝統と近代が交差する食生活」を参照。

（17）風間計博『窮乏の民族誌―中部太平洋・キリバス南部環礁の社会生活』（大学教育出版、二〇〇三年）

（18）Murai, M. 1954. Nutrition study in Micronesia. Atoll Research Bulletin, 27: 1-239.

（19）Englberger, L., Marks, G. C. and Fitzgerald, M. H. 2003. Insights on food and nutrition in the Federated States of Micronesia: A review of the literature. Public Health Nutrition, 61: 5-17.

（20）例えば、ミクロネシア連邦チューク州の儀礼については、須藤健一　一九八三　トラック諸島のパンノキ―パンモチの製法と儀礼　季刊民族学　七（一）：六〇～六六を参照。

（21）山田仁史『いかもの喰い―犬・土・人の食と信仰』（亜紀書房、二〇一七年）

（22）Yamamoto, S. 2019. Long-term survey of food consumption on Pingelap Island, Pohnpei State, the Federated States of Micronesia. The Journal of Island Studies, 20(2): 141-154.

（23）Corsi, A., Englberger, L., Flores, R., Lorens, A. and Fitzgerald, M. H. 2008. A participatory assessment of dietary patterns and food behavior in Pohnpei, Federated States of Micronesia. Asia Pacific Journal of Clinical Nutrition, 17: 309-316.
Kaufer, L. 2008. Evaluation of a Traditional Food for Health Intervention in Pohnpei, Federated States of Micronesia. Thesis, McGill University, Montreal.
Yamamoto, S. 2018. Long-term food consumption survey on Pis-Paneu Island, Chuuk State, the Federated States of Micronesia. The Journal of Island Studies, 19(2): 115-126.

Yamamoto, S., Kawanishi, M. and Nishimura, S. 2015b. Dietary patterns and food consumption in the Federated States of Micronesia: A case study conducted on Piis-Paneu Island, Chuuk Atoll, Chuuk State. Tropical Agriculture and Development, 59(4): 170-178.

第二章　島の水資源と植物

川西基博

近年、インターネットで簡単に世界中のいろいろな土地の衛星画像を、鮮明にしかもタダで見ることができるようになった。まだ訪れたことのない土地を上空からの視点で眺めるのはとても楽しく、いろいろな発見もできる。ピンゲラップ島で調査をすることが決まった時もこれをやってみた。

ピンゲラップ島は、ミクロネシア連邦に属する島々の一つであるという。さて、どのあたりにあるのだろう。グーグルアース（Google Earth）で探してみる。ポンペイ島やチューク諸島のウェノ島などミクロネシア連邦の州都のある島は、ランドマークがあって比較的見つけやすいのだが、衛星画像をずいぶん拡大しないと見えてこない島が、ミクロネシア連邦にはたくさんある。ピンゲラップ島もそんな島の一つであった。ポンペイ島の東側約二七〇キロメートルの彼方にある、まさに絶海の孤島である。最初の画面では太平洋の中の点としてですら見えなかったピンゲラップ環礁を拡大していくと、美しいサンゴ礁に囲まれた緑の森が見えてきて、さらに拡大するとピンゲラップ島の一角に道路とたくさんの家屋がはっきりと見えてきた。意外と多くの人が暮らしていることがわかった。

そんな絶海の孤島にも、現在はポンペイ島から飛行機に乗れば一時間半程度で行くことができる。いよいよ調査の当日、ピンゲラップ島に向かう小さな飛行機から延々と海を見ながら、それほど遠くない昔、カヌーで海に出た人々はよくあの小さな島にたどり着いたものだと思った。また、たどり着いたとして、よくあの小さな島で生きていけたものだ。どちらかといえば大きな動物である人間が、ある程度まとまった人数で生きていくための食べ物や水といった資源があの小さな島にあり、さらにそれを持続的に利用できる環境があるということなのだ。やはり熱帯はすごいな、などと若干の驚きを改めて感じつつ、島の環境についてあれこれ思いを巡らせながら現地へ向かった。島にはどのような生き物がいて、人々はどのような生活をしているのだろう。衛星画像で見るピンゲラップ島はとても小さく見えたが、実際に島にはどのくらいの資源があるのだろうか。本章では、ピンゲラップ島の気候について簡単に解説するとともに、特に資源として重要な淡水と植物（植生）について紹介する。

気温と降水量

ピンゲラップ島は熱帯海洋性気候に属し、月平均気温はどの月も約二七度である。年中暖かく気温の季節変化は小さい（図1）。これはミクロネシア連邦のポンペイ島やウェノ島（チューク諸島）の気温とほぼ同じで、私が住む鹿児島市の雨温図と比較すると、ミクロネシアの島々の季節変化の小ささがよくわかる。注目すべきは、鹿児島市の暑さのピーク時の気温は、熱帯に属するミクロネシア連邦の気温に匹敵するかそれ以上に達することである。夏は鹿児島市の方が暑いのである。ピンゲラップ島も確かに日差しが強く暑いのだが、南の島での開放感も加わって、鹿児島市の市街地での生活に比べると快適に感じられる。

西のパラオ諸島から東のコスラエ島までのカロリン諸島は、太平洋の中でも降水量の多い地域の一つに相当しており、その中に位置するミクロネシア連邦の島々は全体的に降水量の多い気候となっている。[1] ピンゲラップ島の年降水量は約四一一〇ミリメートル、月降水量は二月を除いて二五〇ミリメートル以上あり、半分以上の月

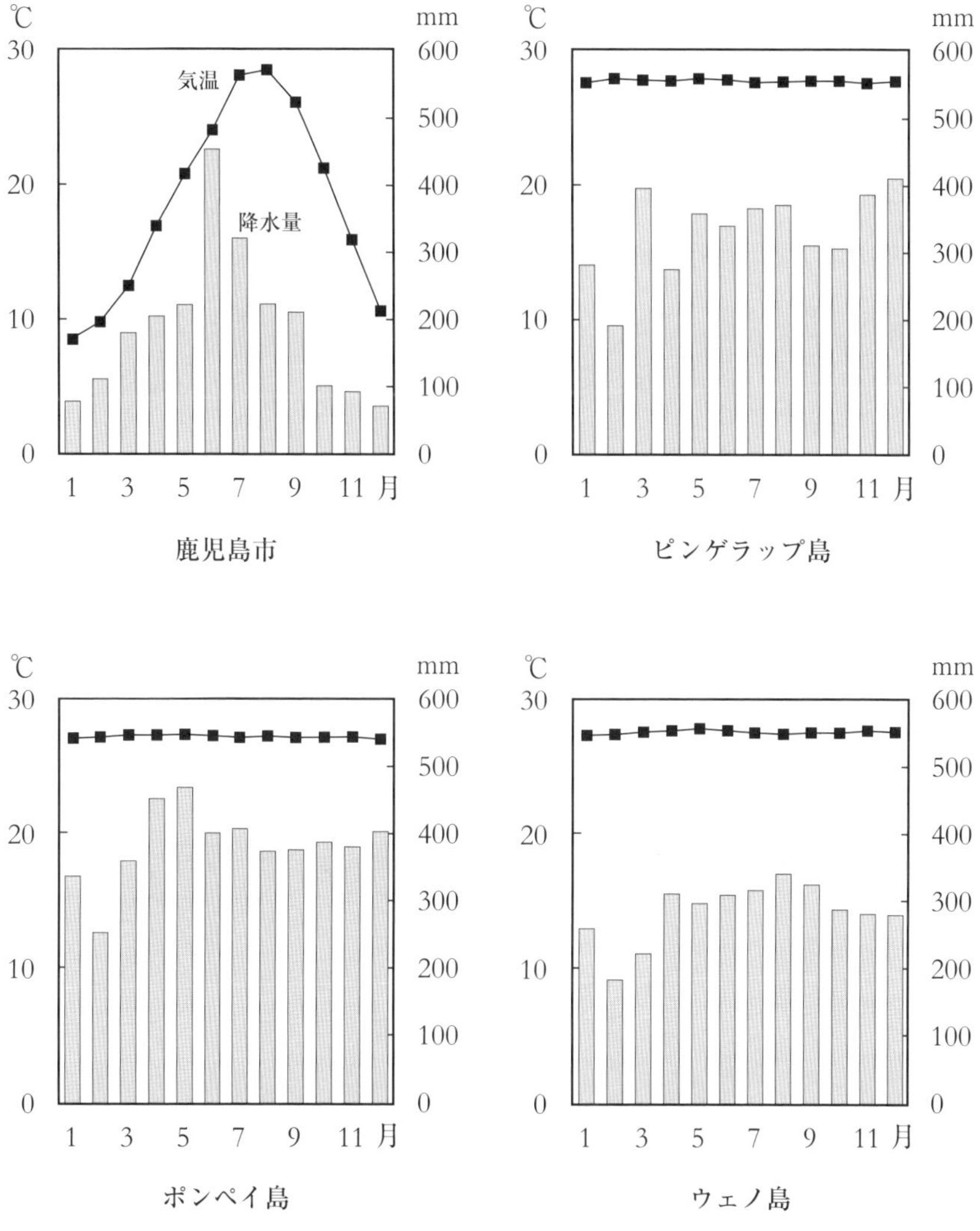

図１　鹿児島市とミクロネシア連邦各地の雨温図。ピンゲラップ島の降水量はAnthony（1996）の1985年11月から1990年４月までの観測データに基づく。ピンゲラップ島の気温はNOAA（アメリカ海洋大気庁）のデータを参照。ポンペイ島（ポンペイ空港）、ウェノ島（チューク空港）、鹿児島市の気温と降水量は1981～2010年の平均値で、それぞれポンペイ島とウェノ島はNOAA、鹿児島市は気象庁のデータに基づく。

積乱雲とスコール（ピンゲラップ環礁）

で約三六〇ミリメートルに達している。[2] ポンペイ島の年降水量四六〇二ミリメートルに比べるとやや少ないものの、ウェノ島の三四一七ミリメートルよりもずいぶんと多い。[3] ピンゲラップ島はミクロネシア連邦の中でも比較的降水量の多い地域であることがわかる。

　このように、ミクロネシア連邦は年中降水量が多く大きな季節変化のないところではあるものの、北東貿易風の強い時期、一般的には一二月以降の数カ月間は雨量が少ない日がいくぶん多く、人々はこうした微妙な変化を季節として感じ取っているらしい。[4] ガイドブックにもこの時期が比較的湿度が低く爽やかで快適であると記してある。[5] ピンゲラップ島も一年間の雨の降り方は一定ではない。北東貿易風が吹く時期（一〇月から三月）の月降水量の平均値は二五四ミリメートルと比較的少なく、風向きの変わりやすい時期（四月から九月）の平均値は三九九ミリメートルと多い。[6][7]

　鹿児島市で月降水量が二五〇ミリメートルに達するのは梅雨時期に相当し、月降水量は六月が四五二ミリメートル、七月が三一九ミリメートルである。ピンゲラップ島では季節変化があるとはいえ、一年中梅雨のように雨が多いのである。しかし、雨の降り方は日本の梅雨とは異なる。梅雨はシトシトと長く雨が続くが、熱帯の雨は短時間に土砂降りになるスコールである。

　ピンゲラップ島は、熱帯低気圧が多く発生する南北半球八〜二五度の地域よりも赤道側に位置するため、台風が襲来する頻度は少ない地域である。[8] ただし、稀に襲来した台風によって大きな被害が生じ、それが島の人口に大きく影響したという指摘もある。[6]

水資源

大きな山を持たない環礁上の島では川が発達しないので、遠方から流れてくる水を利用することはできない。小さなサンゴの島で生活する人間や動植物が利用できる水は、基本的に雨水か地下水のみである。人間は、屋根を利用して雨水をタンクに集めるか、地面を掘り下げて作られた井戸や畑から地下水を利用するか、植物が土壌から吸収した水を採取するかのいずれかの方法をとっている。地下水として貯蔵されている淡水は、島の地下に浸透している海水の上に乗っており、レンズのような形で存在している。このことから淡水レンズと呼ばれている。

淡水レンズについては『ミクロネシア学ことはじめ―魅惑のピス島編』[9]で紹介したが、重要なことなので要点を繰り返しておきたい。まず、サンゴ島の淡水レンズの厚さは島の面積と密接に関係し、大きな島ほど大きな淡水レンズが発達する。さらに貿易風の風上側よりも風下側の方がレンズが大きくなる傾向にある。[10]また、淡水レンズとして蓄えられる地下水の量は一定ではなく、降雨によって水が供給され、人間の利用や植物による吸収などによって減少する。

サンゴの島で人間が生活できるかどうかを決める要因としては、礁湖（ラグーン）のサイズ、降水量、土地面積、干ばつと台風の発生、[11]島の高さなどが指摘されているが、[12]これらは淡水レンズの大きさと持続性に関係する要因にほかならない。一九八〇年代にピンゲラップ島とデケ島で水文地質学的な調査が行われており、淡水層の厚さとその分布が明らかにされた。[2][13]その報告によると、ピンゲラップ島には細粒な堆積物からなる帯水層があり、厚い淡水レンズが見られるという。一九八九年の調査では、淡水レンズはサトイモ科植物（*Cyrtosperma merkusii*：現地名マヤン）の耕作地の中央部あたりが最も厚く（巻頭図2を参照）、約一八メートルに達することが明らかにされている。[2] 淡水の容量に換算すると、ピンゲラップ島の淡水レンズには約一億四五三六万リットルの淡水が貯蔵されていることになるという。また、淡水レンズへの一日の再補給量は約八七万リットルと見積もられており、[14] このうち約二六万リットルが淡水レンズの発達に貢献すると推定されている。この研究では、水の需要は一日につき約一九万リットルと見積もられているので、平年の降水量であれば十分利用可能な淡水が維持されることになる。一方デケ島は、島自体が小さいことに加えて風上側に位置しており、さらに島の地層が透水性の高い堆積物で構成されているため、厚さ四メートル程度の薄い淡水レンズしか維持できない。[13] 最も小さいスコル島は、島の長辺が約四六〇メートル、最大幅が約一八〇メートル程度しかないので、[6] さらに小さな淡水レンズしか維持できないだろう。こうした淡水の利用環境から見て、この二つの島で人が長く暮らしていくことはかなり難しそうだ。

エルニーニョと干ばつ

熱帯太平洋ではエルニーニョ現象[15]が発生すると、太平洋東側の海面水温が高い状態になるため、上昇気流の発生する地域が東へずれる。これによって各地域の降水量が変化する。ミクロネシア連邦は太平洋の島々の中では比較的雨の多い地域なので、通常の気象条件下では先に述べた方法で水を利用すれば特に困ることはないが、干ばつが生じると深刻な状況になることがある。一般的にミクロネシア連邦では冬から春の間のエルニーニョ現象発生時に干ばつが生じ、サンゴ島のような小島では、その被害が特に深刻である。[10] エルニーニョ現象はおよそ三～五年ごとに起こっており、一〇年に一度程度の頻度で海面水温の差が著しく大きくなる年が現れている。ダマスは、ピンゲラップ島の一九七三年の降水量が二六九二ミリメートルと著しく少なかったことに注目しており、また、島民が太平洋全体で起こった一九八三年の干ばつを記憶していたこと（それ以外の干ばつは記憶していないこと）を報告しているが、[6] これらの年はエルニーニョ現象による海面水温の差が大きかった年に相当する（表1）。

また、一九九七〜一九九八年のエルニーニョ現象に伴うミクロネシア連邦全体の干ばつも知られている。[16] その期間はミクロネシア連邦全体で著しく降水量が少なく、約五メートルも淡水レンズの厚さが減少し、環礁上の島の多く（ピンゲラップ環礁のデケ島も含まれる）は、干ばつ中に淡水が完全に枯渇したと推定されている。[10] これは、①島の位置が風上側である、②地層が透水性の高い堆積物で構成されている、などの理由で淡水が浸出しやすい島々で顕著に見られた。降水による供給が少なくなると淡水レンズがすぐに枯渇してしまうのである。

一方、ピンゲラップ島は一九九八年の干ばつ時でも淡水レンズが枯渇しなかった数少ない島であるとして注目された。[10] また、太平洋全体で起こった一九八三年の干ばつ以外には島民に干ばつの記憶がないことや、過去の書物や口述歴史にも一九世紀において似たような干ばつが起こったことがわかる記録がないことなどから、ダマスは、「ピンゲラップ島は干ばつの頻度が低い良い地域にある」と述べている。[6] ピンゲラップ島には先述したような厚い淡水レンズが存在するからだろう。

表1　1949年以降のエルニーニョ現象[*1]の発生期間と海水温の差（気象庁による発表データ：気象庁HP http://www.data.jma.go.jp/gmd/cpd/elnino/index.html 2017年3月参照）

発生期間	海面水温の差[*2]	季節数[*3]
1951年春〜1951／52年冬	1.2	4.0
1953年春〜1953年秋	0.8	3.0
1957年春〜1958年春	1.6	5.0
1963年夏〜1963／64年冬	1.2	3.0
1965年春〜1965／66年冬	1.7	4.0
1968年秋〜1969／70年冬	1.3	6.0
1972年春〜1973年春	2.7	5.0
1976年夏〜1977年春	1.5	4.0
1982年春〜1983年夏	3.3	6.0
1986年秋〜1987／88年冬	1.7	6.0
1991年春〜1992年夏	1.6	6.0
1997年春〜1998年春	3.6	5.0
2002年夏〜2002／03年冬	1.4	3.0
2009年夏〜2010年春	1.4	4.0
2014年夏〜2016年春	3.0	8.0

*1：エルニーニョ監視海域の海面水温の基準値との差の5カ月移動平均値が6カ月以上続けて+0.5℃以上となった場合（気象庁の定義）による。
*2：エルニーニョ現象発生期間中の最大値。
*3：個々の現象の発生期間の長さを表す。

植生と植物

次に、生態系の基盤となる植生や植物に注目してみよう。ミクロネシアの植生は一〇タイプに分類されているが[1]、それは「環礁と低いサンゴ島の植生」、「山地の多雨林と雲霧林」、「溶岩流上の植生」といったような、地形や地質に対応した区分となっているものが多い。このことは、植生が島の中の環境を反映していることをよく表している。ミクロネシアの島々を見渡すと、ポンペイ島やコスラエ島のような大きな山地を持つ高島から、環礁上にある小さな低島まで、様々な地形、地質、土壌の島が見られる。また、マーシャル諸島のように雨の少ない地域がある一方で、ポンペイ島のように著しく雨の多い島もある。こうした島ごとの環境に植生は大きく影響を受け、結果としてミクロネシア全体で実に様々な植生が成立している。さらに、一つの島の中に存在する環境の違いによっても植生が変化する。島の中の地形や土壌などの違いが大きければ、それだけ島の中に成立する植生の種類も増えるに違いない。

ピンゲラップ環礁の島々では、居住地以外の大部分の植生景観が森林に覆われていて、とても豊かなように見える。では、ピンゲラップ環礁にはどのような立地環境があるだろうか。

まず、先述したように、その気候は一年を通して気温が高く、降水量の少ない季節でも月降水量が二〇〇ミリメートル程度はあるので、全体として高温多湿の環境である。海洋島特有の種多様性の低さはあるにしても[17]、多くの植物が生育可能な熱帯多雨林性の環境といえるだろう。しかし、ピンゲラップ環礁の島々はいずれも環礁上にあるサンゴ島であり、地形はほぼ平坦で最も高いところでも海面からの高さは三メートル程度しかない[13]。当然、ポンペイ島やコスラエ島で見られるような、火山岩由来の地質が地表に出ているところはない。土地的な環境の多様性は高いとはいえなさそうだ。一方海岸部に関しては、砂浜があったり、ビーチロックがあったり、環礁の

飛行機から見た居住地の景観、メインストリートは空から見てもはっきり目立つが、居住地は緑に覆われている。写真右側にサトイモ科植物の耕作地が見える

ピンゲラップ島の植生景観（右側の海沿いに見える比較的低い森林はマングローブ、その背後の陸地には背の高いココヤシが多い）

内側、特にピンゲラップ島北側の礁湖側にはマングローブが成立している遠浅の海岸があったりして、場所によって環境や植生が異なっていることが見てとれる。さらに、ピンゲラップ島の中央部には大規模なサトイモ科植物（マヤン）の耕作地があり、その西側に人が住んでいる地域がある（巻頭図2参照）。こうした人の居住地域も一つの環境としてとらえることができ、その中にいくつかの立地のタイプが認識できる。

以上のように、ピンゲラップ環礁の植生としては、マングローブ、海岸植生、および内陸側の平地に成立する植生があり、それに加えて人の居住地に植栽された有用植物と雑草地の植生がある。ポンペイ島やチューク諸島全体の植生の多様性と比べると単純であるが、同じサンゴ島であるチューク諸島のピス島に比べれば、多様な環境があるといえるだろう。

ピンゲラップ環礁で見られる植物種について先行研究を見てみると、シダ植物が四種、裸子植物が〇種、被子植物が五三種（単子葉類一六種、双子葉類三七種）、合計五七種の記録がある。[18] 居住地の植物に関する私たちの調査では、このリストに掲載されていない植物も多数確認され、二〇一八年時点で合計約一六〇種に達している（付表参照）。居住地以外の陸地にはリストアップできていない植物がまだまだありそうなので、実際にはさらに多くの植物がピンゲラップ環礁に生育しているだろう。これらの植物の中には自然に分布している植物に加えて、人間が

マヤプシギの気根、タケノコ状の気根が針のように突き出る

マングローブの干潮時の様子（タコ足状の支柱根を持っているのはオオバヒルギ）

食用や他の利用を目的として持ち込んだ有用植物、そして人間が意図せず運んできた植物が含まれているが、明確な由来が判断し難い植物も少なくない。現在のところ、ピンゲラップ環礁に特有の固有種は知られておらず、すべてがポンペイ島など近隣の大きな島でも見られる植物である。

ピンゲラップ環礁で最も自然性が高い立地と考えられるのは海岸線である。海岸線のうち外洋に面した部分は主に砂浜の植生が見られるが、礁湖に面した部分はマングローブが成立している。マングローブは熱帯から亜熱帯の河口域、浅海の感潮域[19]に成立する森林である。ミクロネシア連邦では、ポンペイ島とコスラエ島に樹高が三〇メートルを超えるほどの発達したマングローブが成立しており、構成樹種の数も多い。ピンゲラップ環礁のマングローブにはそのように大きく発達したものはなく、樹高は一〇メートルに達しない。構成種はオヒルギ、オオバヒルギ、マヤプシギの三種のみである（表2）。滑走路北側の集落に面した海岸からマングローブは見られるが、比較的規模の大きいマングローブが成立しているのは聖域とされているピンゲラップ島北側の内湾部である。ここでは、タコ足状の支柱根を持つオオバヒルギや、針状の気根を持つマヤプシギが海に面したところに見事な群落を作っている。オオバヒルギやマヤプシギは海に面した部分に比較的多く分布するのに対し、オヒルギは陸側に近い部分に分布する傾向がある。

ミズガンピやゴバンノアシはマングローブの周辺で多く見られるが、こ

表2　ピンゲラップ環礁の海岸線で見られる主な植物

科名	和名[*1]	学名[*2]
マングローブを構成する植物		
ミソハギ科	マヤプシギ	*Sonneratia alba*
ヒルギ科	オヒルギ	*Bruguiera gymnorhiza*
	オオバヒルギ	*Rhizophora mucronata*
海岸林を構成する主な樹木		
アオイ科	サキシマハマボウ	*Thespesia populnea*
	オオハマボウ	*Hibiscus tiliaceus*
アカネ科	ハテルマギリ	*Guettarda speciosa*
クサトベラ科	クサトベラ	*Scaevola taccada*
サガリバナ科	ゴバンノアシ	*Barringtonia asiatica*
シソ科	タイワンウオクサギ	*Premna serratifolia*
タコノキ科	タコノキ属植物	*Pandanus* spp.
ハスノハギリ科	ハスノハギリ	*Hernandia nymphaeifolia*
マメ科	シイノキカズラ	*Derris trifoliata*
ミソハギ科	ミズガンピ	*Pemphis acidula*
ムクロジ科	アカギモドキ	*Allophylus timorensis*
ムラサキ科	モンパノキ	*Heliotropium foertherianum*
ヤシ科	ココヤシ	*Cocos nucifera*
砂浜植生を構成する主な植物		
アオイ科	ハテルマカズラ	*Triumfetta procumbens*
イネ科	クロイワザサ	*Thuarea involuta*
カヤツリグサ科	シオカゼテンツキ	*Fimbristylis cymosa*
キク科	キダチハマグルマ	*Wedelia biflora*
クスノキ科	スナヅル	*Cassytha filiformis*
トウダイグサ科	スナジタイゲキ	*Euphorbia atoto*
ヒルガオ科	グンバイヒルガオ	*Ipomoea pes-caprae*
マメ科	ハマアズキ	*Vigna marina*

*1：和名は基本的に米倉浩司・梶田　忠（2003-）「BG Plants 和名ー学名インデックス」（YList）（http://ylist.info）に基づく。Ylistに記載のない種は他の文献を引用した。
*2：学名は The Plant List 2013（http://www.theplantlist.org/）に基づく。

れらはマングローブの構成種とはいえない。満潮時に海水に浸るマングローブとは異なり、これらの樹種は海水には浸らない完全な陸上の立地に生育しているのである。空間的には大変近い場所で隣接する両者の間には、標高の差がわずか数十センチメートルであっても、立地環境のはっきりした違いが存在する。こうした海岸の低木や高木からつくられる植生は海岸林と呼ばれる。ミクロネシア連邦では自然性の海岸林はわずかな地域にしか残っておらず、全体的に低木が多く森林の高さは一〇メートル以下であることが多い。それはピンゲラップ環礁でも同様であ

ゴバンノアシの若い果実

モンパノキに登って遊ぶ子供たち、ミクロネシアの島々ではよく見られる光景だ

オオハマボウ

サキシマハマボウ

る。ピンゲラップ環礁の海岸林を構成する主な種としてはサキシマハマボウ、オオハマボウ、ハテルマギリ、クサトベラ、モンパノキなどがある（表2）。

一方、砂浜の植生は主につる植物と低木からなり、それらに混じって草本植物が見られるのが一般的である。ピンゲラップ環礁の砂浜で目立つのは、つる植物のグンバイヒルガオ、ハマアズキ、キダチハマグルマで、しばしば群生して砂浜を覆っている。グンバイヒルガオは太平洋の熱帯を中心に海岸に広く分布している植物で、北限は日本の長崎県である。名前の由来となっている軍配形の葉が特徴で、アサガオのような形の赤紫色の大きな花をつける。群生しているところで一面に花が咲くと、とても美しい。ハマアズキはマメ科、キダチハマグルマはキク科の植物で、いずれもグンバイヒルガオと同様に日本を含む太平洋の海岸に広く分布する植物である。つる植物以外の草本植物としては、シオカゼテンツキ、スナジタイゲキ、ハテルマカズラ、クロイワザサなどがあり、いたるところで目につくが、先に挙げたつる植物のように一面を覆うように群生することは少ないようだ。

この海岸林や砂浜植生の背後の低地には人々の暮らす居住地とそれ以外の森林があり、これが低平なサンゴ島の植生の大部分を占めている。この森林については、人間が植物資源を効率よく利用するために長い間管理を行ってきた場と考えられる。第二次世界大戦前の日本統治時代にはすでに平地や緩傾斜地にココヤシやパンノキが広く植栽されており、[20]戦後もアグロフォレストリー（森林農業）を中心に森林の利用が行われてきた。その結果、低地の森林のほとんどは人間の持ち込んだ有用植物が多く生育する森林となっている。[21]ピンゲラップ環礁も例外ではなく、居住地周辺の森林では特にココヤシ、パンノキといった有用植物が多い。ただ、森林にはタイワンウ

ハマアズキ

グンバイヒルガオの群落

パンノキの板根

オクサギやトゲミウドノキといった重要な食料にならない樹木も少なからず生育しており、完全に食用の果樹一色というわけでもない。チューク諸島のピス島のパンノキの林と比べると植物の多様性が高いようだ（もちろん、ポンペイ島やコスラエ島の森林に比べると多様性は低いのだが）。また、幹直径が七〇～八〇センチメートル近くになるようなパンノキの大径木がしばしば見られ、シマオオタニワタリやムニンシシランなどのシダ植物がびっしりと着生している光景も目にすることができる。

非居住地域の森林の様子、樹木の幹や枝にシマオオタニワタリがびっしりと着生している

ピンゲラップ環礁の中で最も多く見られるのは、第一章で紹介されているように果実が重要な食物となるパンノキ、バナナ、ココヤシである。これらの植物は居住地域を中心に多数植栽され、この島の景観をつくる主要な植物となっている。これら三種とサトイモ科作物（マヤン）の分布を見ると、バナナは家屋の近くに多く植栽され、ココヤシは居住地域のいたるところで見られるが、パンノキは比較的内陸側の家屋のない敷地に分布している傾向があり、海岸線にはほとんど植栽されていない（図2）。このような植栽のパターンはチューク諸島のピス島での配置とよく似ている。なお、住居周辺には柑橘類、唐辛子類など香辛料として利用される植物や、地下茎や根に蓄えられたデンプンを利用するサトイモ科植物、ヤマノイモ科植物なども見られる。食料となる植物については第一章で詳しく紹介されているので、ここでは割愛したい。

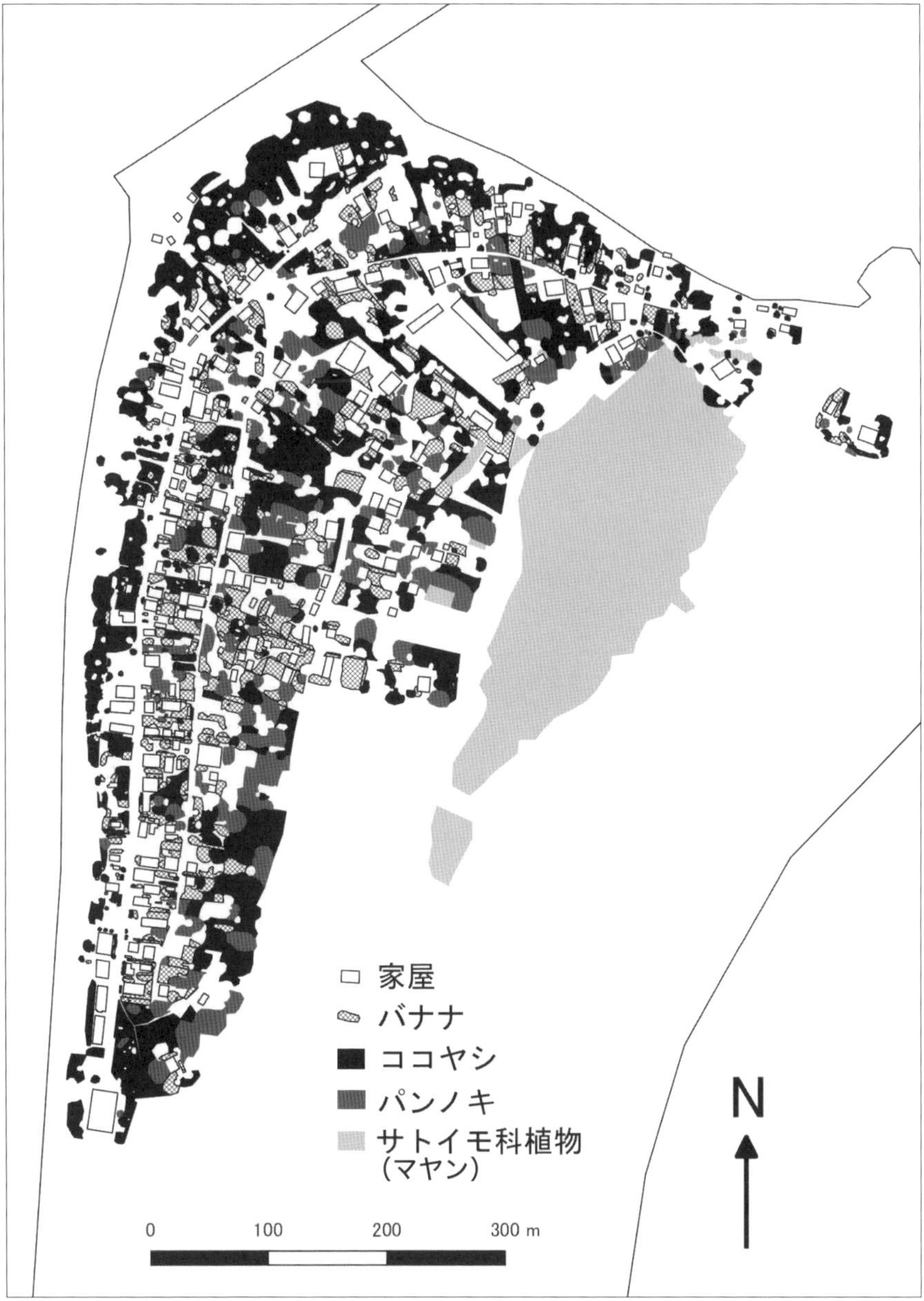

図２　居住地域のパンノキ、ココヤシ、バナナ、サトイモ科植物（マヤン）の分布

ピンゲラップ島でいただいた花飾り（首飾り:プルメリアの花〔白色〕、花冠:プルメリアの花〔白色〕、ポナペサンタンカの花〔朱色〕、コウトウシランの花〔赤紫色〕、タイワンモミジの葉）

庭先の花壇に植栽された観賞用植物

集落を彩る植物

ピンゲラップ島の集落を歩いていると、道路沿いや家と家との境界線上に観賞用植物がきれいに植栽されているのが目につく。鮮やかな花を楽しむための花木は多くの種類が見られるし、葉を観賞する観葉植物も少なくない（表3）。花を観賞する植物として庭先でよく見かけるのは、ブッソウゲ（ハイビスカス）、サンタンカ類、インドソケイ（プルメリア）、ハマオモト類、コウトウシランなどである。こうした植物の花は花飾りにも使われる。

花木の中で特に注目されるのは、サンタンカの仲間である。サンタンカ属は、世界の熱帯を中心に約四〇〇種あり、美しい花をつける種が多いので多数の種が園芸化されている。[22] その一つは中国南部からマレーシアが原産地のサンタンカ（*Ixora chinensis*）で、日本でもよく流通しているポピュラーな花木である。ピンゲラップ島にはこれを含めて数種類あるようだが、最もよく目についたのはポナペサンタンカ（*Ixora casei*）であった。[23] ポナペサンタンカは葉が大きく、濃い朱色の花は大きな球状の花序を作って大変美しい。原産地はカロリン諸島、マーシャル諸島、ギルバート諸島で、[24] ポンペイ島の低い山中にもよく見られるそうだ。[23] なお、第二次世界大戦前の日本統治時代にミク

表3　ピンゲラップ島の人家周辺で見られる主な観賞用植物とその他の植物

科名	和名[*1]	学名[*2]
花を観賞する植物		
アオイ科	ブッソウゲ（ハイビスカス）	*Hibiscus rosa-sinensis*
アカネ科	ポナペサンタンカ[*3]	*Ixora casei*
	サンタンカ	*Ixora chinensis*
キョウチクトウ科	インドソケイ（プルメリア）	*Plumeria rubra*
	ニチニチソウ	*Catharanthus roseus*
トウダイグサ科	ハナキリン	*Euphorbia milii*
	ベニヒモノキ	*Acalypha hispida*
ヒガンバナ科	ハマオモト類	*Crinum* spp.
	ナガエサキガニユリ（スパイダーリリー）	*Hymenocalis speciosa*
ラン科	コウトウシラン	*Spathoglottis plicata*
葉を観賞する植物		
ウコギ科	タイワンモミジ属（ポーリシャス）	*Polyscias* spp.
トウダイグサ科	ヘンヨウボク（クロトン）	*Codiaeum variegatum*
	テイキンザクラ（ヤトロファ）	*Jatropha integerrima*
サトイモ科	サトイモ科園芸品種	Araceae sp.
ベンケイソウ科	トウロウソウ（セイロンベンケイ）	*Bryophyllum pinnatum*
人家周辺で見られるその他の植物		
アカネ科	ヤエヤマアオキ	*Morinda citrifolia*
イネ科	オヒシバ	*Eleusine indica*
	シバ属植物	*Zoysia* spp.
	シンクリノイガ	*Cenchrus echinatus*
	スズメノヒエ属植物の1種	*Paspalum* sp.
イラクサ科	イラクサ科植物の1種	*Pipturus argenteus*
キク科	オオバナノセンダングサ	*Bidens pilosa*
	キダチハマグルマ	*Wedelia biflora*
シクンシ科	モモタマナ	*Terminalia catappa*
シソ科	カクバヒギリ	*Clerodendrum panicuratum*
	ミツバハマゴウ	*Vitex trifolia*
トウダイグサ科	チャヤ（ポンペイでの呼称）	*Cnidoscolus aconitifolius*
ヒルガオ科	グンバイヒルガオ	*Ipomoea pes-caprae*
ムラサキ科	キバナイヌチシャ	*Cordia subcordata*

*1：和名は基本的にYlistに基づく。Ylistに記載のない種は他の文献を引用した。
*2：学名はThe Plant List 2013に基づく。
*3：中村武久・内藤俊彦（1985）。

ロネシア地域の植物の研究を行った金平亮三は『南洋群島植物誌』の中でミクロネシアのサンタンカ類を四種報告しているが、このうちポナペサンタンカ、ナンヨウサンタンカ、ホソバナンヨウサンタンカは現在では同種（*Ixora casei*）に統一されている。[25]もう一種のミツバナサンタンカ（*Ixora triantha*）は、カロリン諸島とマリアナ諸島に固有とされる種である。[24]

ポナペサンタンカ

ところで、チューク諸島のピス島で同様の調査を行った際、とても印象に残った植物にイランイランノキ（*Cananga odorata*）があった。この植物は、花は黄緑色であまり目立たないが、強烈な芳香を放つのが特徴である。かつては香水の原料として有名で、今でも東南アジア各地ではよく栽培されている植物だ。その分布は広く、東南アジア各地からオーストラリアにまで自生状態で生育しているが、真の自生地は不明であるという。[26]ピス島にはたくさんあったのだが、ピンゲラップ島では確認できなかった。ポンペイ島ではいたるところに野生化しているらしいので、[23]ピンゲラップ島の人々が手に入れることは容易だろうと想像するが、ピンゲラップ島に一本も植えられていないのは、島民がこの香りをあまり好まないからだろうか。

さて、観賞用植物の利用についてあらためて考えてみる。まずはやはり鑑賞することが第一にあるが、それに加えた機能を持たせている場合もあるようだ。ピンゲラップ島の集落を歩いていると、街並みが整然としてとてもきれいな印象を受けるのであるが、その理由の一つはおそらく観賞用植物が道路や隣家との境界線がよくわかるようにライン状に植栽されているからであろう。すべての住居にあるというわけではないが、集落のあちこちでよく目につく。いわゆる生け垣のように利用されている植物には、タイワンモミジ属植物（ポーリシャス）があり、道路沿いの花壇のように植栽される植物としてハマオモト類やナガエササガニユリ（スパイダーリリー）

お墓の周りに新たに植栽されたシバ属植物

所有地の境界線上に生け垣状に植栽されているタイワンモミジ属植物（ポーリシャス）

などがあった。また、家屋やお墓の周辺にはシバ属の植物（コウライシバが多いようだが何種かあるかもしれない）が植栽され、きれいな芝生が造成されていることがある。これらの植物によって、ピンゲラップ島の居住地周辺はとてもきれいで整った景観となっている。

　しかし、住人が島外へ移住したり亡くなったりして不在になった家屋の周囲は手入れがされなくなり、雑草が増えて草むらになっていく。そんな草むらを作るのは主にイネ科植物である。ピンゲラップ島ではスズメノヒエ属、シンクリノイガ、オヒシバ属、メヒシバ属などが多い。オヒシバ属やメヒシバ属の植物は日本の草むらでもおなじみで、[27] 耕作地や空き地、路傍などで必ずといってよいほど見かける植物である。シンクリノイガは果実に鋭い棘がある植物で、日本では南西諸島など暖かい地域を中心に帰化している。この植物の草むらに入ると、ほぼ確実に棘が衣類や靴に引っかかり、さらに、その棘が肌に直接刺さってとても痛い思いをする。人間にとっては大変な厄介者であるが、植物の果実はできるだけ親から遠くへ運ばれたほうが望ましいので、毛の少ない人間であっても体に刺さって運ばせることができるという意味で、この小さな栗のイガはとても機能的でよくできているのである。

　なお、手入れの行き届かない敷地ができた場合、海岸に近いところではグンバイヒルガオやハマアズキなどのつる植物がはびこる。サトイモ科植物の耕作地に近い内陸側の方ではヤエヤマアオキ（ノニ）やカクバヒギリなどの低木やシダ植物、ココヤシの実生などがはびこってジャングルのようになっ

芝地に侵入するつる植物

シンクリノイガ

てしまう。ここのところ、ピンゲラップ島の人口は減ってきて空き家が増えたため（第一章参照）、確実に年々雑草・雑木の茂った敷地が増えてきている。去年はきれいだった家の庭に雑草がはびこっているのを見かけると、なんとも寂しい気持ちになる。

おわりに

ここまで述べてきたように、ピンゲラップ環礁の環境は多くの植物が生きていけるだけの水資源を提供しており、人間はその恩恵によって生活できているところが大きい。特に、地下水が重要であることは先に述べたが、その持続可能性は地下の淡水レンズの厚さを決める降水量と海水面の高さとに大きく関係している。このことは太平洋小島嶼の重大な脆弱性として認識されており、気候変動に大きく影響を受けると考えられている。ＩＰＣＣ第四次報告書では、気候変動に伴う海面上昇と浸水、淡水レンズへの海水の浸入および土壌の塩性化によって、太平洋小島嶼の自給農業と商業的農業が悪影響を受ける可能性が「非常に高い（確信度が高い）」と評価されている。[28] 特に、海面上昇の加速と降雨量の減少が重なった地域は、水資源への脅威がさらに増加すると考えられている。先述のように、降水量の減少は淡水レンズの縮小につながる。二〇五〇年までに平均降水量が一〇％低下する場合、例えばキリバス共和国タワラ環礁にある淡水レンズでは二〇％の縮小に相当すると見積もられている。また、海面上昇に伴う陸地の減少は、淡水レンズの厚さを二九％も縮める可能性がある。

　現状の気候下でのピンゲラップ島では、十分な量の淡水が地下水として維持されているが、今後の気候変動による海水面上昇の影響が心配である。降水量が減少するような変化が生じればさらに地下水の減少につながるだろう。台風の襲来頻度が増えれば塩害も増えるかもしれない。これらのことについてははっきりしたことはわからないが、太平洋島嶼への気候変動の影響は小さくないと予測されており、ピンゲラップ島でも楽観的な見方はできない。美しいピンゲラップ環礁の自然と人々の暮らしが末永く持続できるように、遠い地に暮らしている私たちは生活を見直していかなければいけない。

付表　ピンゲラップ島で確認された植物の一覧

学名は The Plant List 2013（http://www.theplantlist.org/　2019年5月参照）に準拠した。学名左側の「*」はStJohns（1948）およびDamas（1994）に掲載されていた種を、「(*)」は川西の調査では確認できていない種をそれぞれ示す。現地名は文献と現地調査によって確認された名称を記載し、名称の右側に情報源を付記した。(d)：Damas（1994）、(b)：Balick（2009）、(k)：川西・山本・大塚の聞き取り調査結果。和名は米倉浩司・梶田忠（2003-）「BG Plants 和名－学名インデックス」（YList）（http://ylist.info　2019年5月参照）に準拠し、記載のない種については中村・内藤（1985）などを参考にして設定した。

		学名	現地名	和名
シダ植物				
マツバラン科				
1		*Psilotum nudum* (L.) P.Beauv.		マツバラン
ツルシダ科				
2	*	*Nephrolepis biserrata* (Sw.) Schott	pwe (d)	ホウビカンジュ
3		*Nephrolepis* sp.		タマシダ属植物
シシラン科				
4	*	*Vittaria elongata* Sw.	lit (d)	ムニンシシラン
イノモトソウ科				
5		*Pteris tripartita* Sw.	pwe (b)	ヘリドリワラビ
チャセンシダ科				
6	*	*Asplenium nidus* L.	seilik (d)	シマオオタニワタリ
7		*Asplenium* sp.		オオタニワタリ類の1種
ヒメシダ科				
8		*Cyclosorus interruptus* (Willd.) H.Ito		テツホシダ
9		*Thelypteris parasitica* Tardieu		ケホシダ
ウラボシ科				
10	*	*Phymatosorus scolopendria* (Burm. f.) Pic. Serm.	kitew (d)	オキナワウラボシ
裸子植物				
ナンヨウスギ科				
11		*Araucaria* sp.		ナンヨウスギ属の1種
被子植物				
コショウ科				
12	(*)	*Peperomia ponapensis* C.DC.	wahnin (d)	ペペロミア・ポナペンシス
ハスノハギリ科				
13		*Hernandia nymphaeifolia* (J.Presl) Kubitzki		ハスノハギリ
クスノキ科				
14		*Cassytha filiformis* L.		スナヅル
サトイモ科				
15		*Alocasia macrorrhizos* (L.) G.Don	wod (k)	インドクワズイモ
16	*	*Colocasia esculenta* (L.) Schott	sawa (d), sewa (k)	サトイモ
17	*	*Cyrtosperma merkusii* (Hassk.) Schott	mweiang (k)	マヤン
18		*Xanthosoma* sp.	sewa seipan (k)	アメリカサトイモ
19		Araceae sp.	silihna (k)	サトイモ科園芸種（小型種）
20		Araceae sp.	silihna rose (k)	サトイモ科園芸種（つる性）

付表　ピングラップ島で確認された植物の一覧（続き）

	学名	現地名	和名
トチカガミ科			
21	* *Thalassia hemprichii* (Ehrenb. ex Solms) Asch.	walaht (d), welahd (k)	リュウキュウスガモ
ヤマノイモ科			
22	* *Tacca leontopetaloides* (L.) Kuntze	mwekemwek(Arrowroot) (d), mwoakoamwoak (k)	タシロイモ
23	* *Dioscorea* spp.	kep (yams) (d), kehp (k)	ヤマノイモ属植物
タコノキ科			
24	* *Pandanus* spp.	kipar (d) (k)	タコノキ属植物
ラン科			
25	*Spathoglottis plicata* Blume	separ (k)	コウトウシラン
ヒガンバナ科			
26	* *Crinum asiaticum* L.	kiepw (lilies) (d) (k)	ハマオモト（広義）
27	*Hippeastrum* sp.		アマリリス属の１種
28	*Hymenocallis speciosa* (L.f. ex Salisb.) Salisb.	kiepw (k)	ナガエサガニユリ（スパイダーリリー）
29	* *Zephyranthes rosea* Lindl.	kiepw (lilies) (d) (k)	コサフランモドキ
キジカクシ科			
30	*Cordyline fruticosa* (L.) A.Chev.		センネンボク
ヤシ科			
31	*Areca catechu* L.	pwu (k)	ビンロウ
32	* *Cocos nucifera* L.	niu (d), ni (k)	ココヤシ
33	Palmae sp.		ヤシ科の１種
ツユクサ科			
34	*Tradescantia spathacea* Sw.		ムラサキオモト
バショウ科			
35	* *Musa* × *paradisiaca* L.	wis (d) (k)	バナナ
カンナ科			
36	*Canna* sp.		カンナ属の１種
ショウガ科			
37	*Alpinia purpurata* (Vieill.) K.Schum.		レッドジンジャー
カヤツリグサ科			
38	*Cyperus compressus* L.		クグガヤツリ
39	* *Cyperus javanicus* Houtt.	sapasak (d)	オニクグ
40	* *Fimbristylis cymosa* R.Br.	rosaki (d)	シオカゼテンツキ（広義）
41	*Cyperus mindorensis* (Steud.) Huygh.		オオヒメクグ
42	*Scirpus* sp.		アブラガヤ属の１種
イネ科			
47	*Cenchrus echinatus* L.	teip (k)	シンクリノイガ
48	*Digitaria* spp.		メヒシバ属（複数種）
49	*Eleusine indica* (L.) Gaertn.		オヒシバ
43	* *Eragrostis amabilis* (L.) Wight & Arn.	rosaki (d)	ヌカカゼクサ
44	* *Lepturus repens* (J.R.Forst.) R.Br.		ハイシバ
50	*Oplismenus* sp.		チヂミザサ属の１種
51	*Paspalum conjugatum* Bergius		オガサワラスズメノヒエ

付表　ピンゲラップ島で確認された植物の一覧（続き）

	学名	現地名	和名
52	*Paspalum* sp.		スズメノヒエ属の1種（花序が1本のタイプ）
45	* *Saccharum officinarum* L.	seu (d), sew (k)	サトウキビ
46	* *Thuarea involuta* (G.Forst.) R.Br. ex Sm.	mokarak (d)	クロイワザサ
53	*Zoysia* spp.		シバ属植物
ベンケイソウ科			
54	* *Bryophyllum pinnatum* (Lam.) Oken	limalam (d)	トウロウソウ（セイロンベンケイ）
55	Crassulaceae sp.		ベンケイソウ科の園芸種
マメ科			
56	* *Derris trifoliata* Lour.	kainipil (d)	シイノキカズラ
57	*Senna occidentalis* (L.) Link		ハブソウ
58	* *Vigna marina* (Burm.) Merr.	nimelitop (d), kideu (k)	ハマアズキ
59	Leguminosae sp.		マメ科の1種（つる性）
60	Leguminosae sp.		マメ科の1種（草本）
61	Leguminosae sp.		マメ科の1種（高木）
バラ科			
62	*Rosa* sp.		バラ属の園芸種
クワ科			
63	* *Artocarpus altilis* (Parkinson ex F.A.Zorn) Fosberg	mei (d) (k)	パンノキ
64	* *Ficus tinctoria* G.Forst.	kawain (d)	タイヘイヨウイヌビワ
イラクサ科			
65	*Laportea interrupta* (L.) Chew		アコウクワクサ
66	*Laportea ruderalis* (G. Forst.) Chew		ハマイラクサ
67	* *Pilea microphylla* (L.) Liebm.	re (d)	コゴメミズ
68	* *Pipturus argenteus* (G. Forst.) Wedd.	oroma (d)	ヌノマオ属・アルゲンテウス
69	unknown		未同定種
ウリ科			
70	*Cucurbita* spp.	pwengkin (pumpkin) (k)	セイヨウカボチャ、ニホンカボチャなど
ヒルギ科			
71	*Bruguiera gymnorhiza* (L.) Lam.		オヒルギ
72	* *Rhizophora mucronata* Lam.	al (d)	オオバヒルギ
トウダイグサ科			
73	* *Acalypha hispida* Burm.f.	kurulong (d)	ベニヒモノキ
74	*Cnidoscolus aconitifolius* (Mill.) I.M.Johnst.	chaia (k)	チャヤ
75	*Codiaeum variegatum* (L.) Rumph. ex A.Juss.		ヘンヨウボク（クロトン）
76	* *Euphorbia atoto* G.Forst.	pelepel (d)	スナジタイゲキ
77	*Euphorbia chamaesyce* L.		ハイニシキソウ
78	*Euphorbia hirta* L.		シマニシキソウ
79	*Euphorbia hypericifolia* L.		オトギリバニシキソウ
80	*Euphorbia milii* Des Moul.		ハナキリン（広義）
81	*Jatropha integerrima* Jacq.		テイキンザクラ（ヤトロファ）
82	*Manihot esculenta* Crantz		キャッサバ

付表　ピンゲラップ島で確認された植物の一覧（続き）

	学名	現地名	和名
ミカンソウ科			
83	(*) *Phyllanthus amarus* Schumach. & Thonn.	limaimer (d) (k)	キダチコミカンソウ
84	*Phyllanthus tenellus* Roxb.	limaimer (d) (k)	ナガエコミカンソウ（ブラジルコミカンソウ）
トゥルネラ科			
85	*Turnera ulmifolia* L.		キバナツルネラ
86	*Turnera* sp.		トゥルネラ属園芸種
テリハボク科			
87	* *Calophyllum inophyllum* L.	sepang (d)	テリハボク
シクンシ科			
88	* *Terminalia catappa* L.	tepop (d)	モモタマナ
89	* *Terminalia* sp. (*T. litoralis*?)	win (d)	モモタマナ属の1種
ミソハギ科			
90	*Lagerstroemia indica* L.		サルスベリ
91	* *Pemphis acidula* J.R. Forst. & G. Forst.	kaini ? (d)	ミズガンピ
92	* *Sonneratia alba* Sm.	kosa (d)	ハマザクロ（マヤプシギ）
アカバナ科			
93	* *Ludwigia octovalvis* (Jacq.) P.H.Raven	kuri (d)	キダチキンバイ
フトモモ科			
94	*Eugenia* (*Syzygium*) spp.	apple tree (k) (d)	フトモモ属植物
ウルシ科			
95	* *Mangifera indica* L.	kaingit (d)	マンゴー
ムクロジ科			
96	* *Allophylus timoriensis* (DC.) Blume	kitahk (d)	アカギモドキ
97	*Cardiospermum halicacabum* L.		フウセンカズラ
ミカン科			
98	*Citrus* spp.	karer (k)	ライム、レモンなど
アオイ科			
99	*Ceiba* sp.		セイバ属の1種
100	*Hibiscus rosa-sinensis* L.		ブッソウゲ（ハイビスカス）
101	*Hibiscus tilliaceus* L.		オオハマボウ
102	(*) *Sida fallax* Walp.	kao (d)	（和名なし）
103	* *Thespesia populnea* (L.) Sol. ex Corrêa	penne (d)	サキシマハマボウ
104	* *Triumfetta procumbens* G. Forst.	konop (d)	ハテルマカズラ
パパイヤ科			
105	* *Carica papaya* L.	kaineap (d), keiniap (k)	パパイヤ
フウチョウボク科			
106	*Crateva religiosa* G.Forst.		ギョボク（カロリンギョボク）
アブラナ科			
107	*Brassica rapa* L.		ハクサイ
ヒユ科			
108	*Alternanthera sissoo* (Toensmeier, E. 2007 Perennial Vegetables. Chelsea Green Publishing, 241 pp. による。The Plant List に掲載なし。)	spinach (k)	ブラジリアンスピナッチ

付表　ピンゲラップ島で確認された植物の一覧（続き）

	学名	現地名	和名
オシロイバナ科			
109	*Bougainvillea spectabilis* Willd.		イカダカズラ（ブーゲンビレア）
110	* *Mirabilis jalapa* L.	pesikulck (d)	オシロイバナ
111	* *Pisonia grandis* R.Br.	mas (d)	トゲミウドノキ
スベリヒユ科			
112	*Portulaca oleracea* L.		スベリヒユ
サガリバナ科			
113	* *Barringtonia asiatica* (L.) Kurz	wi (d)	ゴバンノアシ
アカネ科			
114	* *Guettarda speciosa* L.	eles (d)	ハテルマギリ
115	*Hedyotis* sp.		フタバムグラ属の1種
116	* *Ixora casei* Hance	kalesu (d)	ポナペサンタンカ
117	*Ixora chinensis* Lam.		サンタンカ
118	* *Morinda citrifolia* L.	obul (d)	ヤエヤマアオキ
119	*Spermacoce* spp.		ハリフタバ属植物
キョウチクトウ科			
120	* *Asclepias curassavica* L.	kimeme (d)	トウワタ
121	*Catharanthus roseus* (L.) G.Don		ニチニチソウ
122	*Cerbera manghas* L.		ミフクラギ
123	*Plumeria pudica* Jacq.		プルメリア・プディカ
124	* *Plumeria rubra* L.	pomaria (d)	ベニバナインドソケイ（プルメリア・ルブラ）
125	*Trachelospermum* sp.		テイカカズラ園芸種
ムラサキ科			
126	*Cordia subcordata* Lam.		キバナイヌチシャ
127	* *Heliotropium foertherianum* Diane et Hilger	seseni (d)	モンパノキ
ヒルガオ科			
128	*Ipomoea batatas* (L.) Lam.	pidehde (k)	サツマイモ
129	*Ipomoea pes-caprae* (L.) R. Br.	oip (k)	グンバイヒルガオ
130	Convolvulaceae sp.	keneh lidoap (k)	ヒルガオ科の1種
ナス科			
131	*Capsicum annuum* L.	sele (k)	トウガラシ
132	*Capsicum frutescens* L.	sele (k)	キダチトウガラシ
133	*Cestrum nocturnum* L.		ヤコウカ
134	*Lycopersicon esculentum* Mill.		トマト
135	*Physalis angulata* L.		センナリホオズキ
136	Solanaceae sp.		ナス科低木の未同定種
ゴマノハグサ科			
137	Scrophulariaceae sp.		ゴマノハグサ科園芸種
シソ科			
138	*Clerodendrum paniculatum* L.		カクバヒギリ
139	*Ocimum tenuiflorum* L.	kadiring (k)	カミメボウキ
140	*Coleus scutellarioides* (L.) Benth.		キランジソ（コリウス）
141	* *Premna serratifolia* L.	sokok (d)	タイワンウオクサギ

付表　ピンゲラップ島で確認された植物の一覧（続き）

		学名	現地名	和名
142	*	*Volkameria inermis* L.	ilau (d)	イボタクサギ
キツネノマゴ科				
143	(*)	*Pseuderanthemum carruthersii* Guill. var. *atropurpureum* (W.Bull) Fosberg	sarinairam (d)	エランセムムモドキ
144		Acanthaceae sp.		キツネノマゴ科園芸種
ノウゼンカズラ科				
145		*Allamanda* sp.		ムラサキアリアケカズラ
146		*Thunbergia* sp.		ノウゼンカズラ科園芸種（紫花）
クマツヅラ科				
147		*Lantana* spp.		ランタナ
148		*Vitex trifolia* L.		ミツバハマゴウ
クサトベラ科				
149	*	*Scaevola taccada* (Gaertn.) Roxb.	ramek (d)	クサトベラ
キク科				
150		*Adenostemma lanceolatum* Miq.		ヌマダイコン類（和名なし）
151		*Bidens pilosa* L.		オオバナノセンダングサ
152		*Cyanthillium cinereum* (L.) H.Rob.		ムラサキムカシヨモギ
153		*Erigeron bellioides* DC.		コケセンボンギクモドキ
154		*Gynura* sp.	serlihna (k)	スイゼンジナ
155		*Lactuca sativa* L.		チシャ（レタス）
156		*Sphagneticola trilobata* (L.) Pruski		アメリカハマグルマ
157	*	*Wollastonia biflora* (L.) DC.	kisuwell (d), morsed (k)	キダチハマグルマ
ウコギ科				
158		*Polyscias fruticosa* (L.) Harms		タイワンモミジ
159		*Polyscias pinnata* J.R.Forst. & G.Forst.		ポーリシャス・ピンナータ

注

(1) Mueller-Dombois, D. and Fosberg, F. R. 1998. Vegetation of the Tropical Pacific Islands. Springer Science & Business Media, New York.

(2) Anthony, S. S. 1996. Hydrogeology and ground-water resources of Pingelap Island, Pingelap Atoll, State of Pohnpei, Federated States of Micronesia. U.S. Geological Survey. Water-Resources Investigations Report 92-4005.（一九八五年一一月〜一九九〇年四月の観測データを引用）

(3) NOAA Climate Data Online https://www.ncdc.noaa.gov/（二〇一七年一〇月参照）（観測地点はポンペイ島がポンペイ空港、ウェノ島がチューク空港、一九八一〜二〇一〇年の平均）

(4) 印東道子『ミクロネシアを知るための58章』（明石書店、二〇〇五年）

(5) Galbraith, K., Bendure, G. and Friary, N. 2000. Lonely Planet Micronesia (4th Edition). Lonely Planet Publications Pty Ltd., Australia.

(6) Damas, D. 1994. Bountiful Island: A Study of Land Tenure on a Micronesian Atoll. Wilfrid Laurier University Press, Waterloo, Ontario.

(7) 一九六九年一〇月〜一九七四年三月の観測値、ただしそのうち一五カ月分は欠測。この間の年降水量の平均値は約三九六二ミリメートル。

(8) 吉野正敏『気候学』（大明堂、一九七八年）

(9) 大塚　靖・山本宗立編著『ミクロネシア学ことはじめ—魅惑のピス島編』（南方新社、二〇一七年）の第一部第二章「陸域の環境」を参照。

(10) Bailey, R. T., Jenson, J. W. and Taboroši, D. 2013. Estimating the freshwater-lens thickness of atoll islands in the Federated States of Micronesia. Hydrogeology Journal, 21: 441-457.

（11）Mason, L. 1968. Suprafamilial authority and economic process in Micronesia atolls. In: Peoples and Cultures of the Pacific (Vayda, A. P. ed.), 299-329, The Natural History Press, Garden City, New York.

（12）Alkire, W. H. 1978. Coral Islanders. AHM Publishing Corporation, Arlington Heights, Illinois.

（13）Ayers, J. F. and Vacher, H. L. 1986. Hydrogeology of an atoll island: A conceptual model from detailed study of a Micronesian example. Ground Water, 24: 185-198.

（14）降水量の五〇%が淡水レンズへの再補給に相当すると仮定したときの推定値。

（15）太平洋赤道域の日付変更線付近から南米沿岸にかけて海面水温が平年より高くなり、その状態が一年程度続く現象。気象庁ホームページ https://www.data.jma.go.jp/gmd/cpd/data/elnino/learning/faq/whatiselnino.html（二〇一九年一月参照）

（16）Bailey et al.（2013）[10]では「一九九七〜一九九九年のエルニーニョ南方振動現象」とされているが、本文では表1に合わせて一九九七〜一九九八年とした。

（17）大陸と陸続きになったことがない海洋島では、陸続きになったことのある大陸島に比べて生物の種類が少ない。詳しくは Itow, S. 1988. Species diversity of mainland- and island forests in the Pacific area. Vegetatio, 77: 193-200. を参照。

（18）St. John, H. 1948. Report on the flora of Pingelap Atoll, Caroline Islands, Micronesia, and observations on the vocabulary of the native inhabitants: Pacific plant studies. Pacific Science, 2(2): 96-113.

（19）陸地のうち潮汐の影響を受ける領域。干潮時には干潟状の陸地であるが満潮時に水没する。

（20）金平亮三『南洋群島植物誌』（南洋庁、一九三三年）

（21）Raynor, W. C. and Fownes, J. H. 1991. Indigenous agroforestry of Pohnpei. 2. Spatial and successional vegetation patterns. Agroforestry Systems, 16: 159-165.

（22）日本インドアグリーン協会編『観葉植物と熱帯花木図鑑』（誠文堂新光社、二〇〇九年）

（23）中村武久・内藤俊彦編『ポナペ島　その自然と植物』（第一法規出版、一九八五年）

（24）World Checklist of Selected Plant Families (WCSP). Kew Science. Available at: http://wcsp.science.kew.org

(25)金平（一九三三）[20]は同書の中でトラックサンタンカ（*Ixora amplexifolia*）を記載しているが、未採集で詳細は不明なので本文では扱わなかった。

(26)植田邦彦「バンレイシ科イランイランノキ」朝日新聞社編『朝日百科　植物の世界　九巻』一〇五～一〇六頁（朝日新聞社、一九九七年）

(27)日本とミクロネシアに自生するメヒシバ属植物は同じ種ではないことに注意。

(28)IPCC. 2007. Climate Change 2007: Impacts, Adaptation and Vulnerability. Contribution of Working Group II to the Fourth Assessment Report of the IPCC. Available at: https://www.ipcc.ch/site/assets/uploads/2018/03/ar4_wg2_full_report.pdf

COLUMN　環礁の成り立ち

北村有迅
ハフィーズ・ウル・レーマン

第一章ではピンゲラップ島の暮らしを、第二章では水資源と植物を見てきたが、太平洋のただ中に浮かぶピンゲラップ環礁の成り立ちは、そもそも一体どのようなものなのか。

ミクロネシア連邦の全域とその南西に位置するパラオ共和国の島々はカロリン諸島（Caroline Islands）に属する。土着の人々は西方のフィリピンやインドネシア方面から紀元前四〇〇〇年から紀元前二〇〇〇年頃に移住してきた人々がルーツといわれる。西洋人によるカロリン諸島の発見は、一五二七年のポルトガル探検隊が最初である。その後一七世紀に、スペインの提督が時の国王カルロス二世（Carlos II）にちなみカロリナス（Carolinas）と命名したことが、今日のカロリン諸島の名称の由来である。スペイン、ドイツの支配を経て、第一次世界大戦後にカロリン諸島は日本の統治下に置かれた。

ミクロネシア連邦の島々の本格的な地域研究は、日本統治時代に初めて行われた。諸島の岩石学的・地理学的な情報がまとめられ、カロリン諸島の島々は火山性の「高島」とサンゴ礁から成る「低島」とに区分して報告された(1)。高島と低島の地質学的な本質は、島の侵食の程度の違いである。太平洋のただ中のこの地域の海は深く、海の底は太平洋プレートであり、年間数センチメートルほどの速度で西へ絶えずゆっくりと動いている。そこに火山活動により海底から巨大な山がそびえ、海面に顔を出すことにより火山島が形成される。火山活動が終息すると、下から押し上げるマグマがなくなること、また海溝へと徐々に深さを増す海洋プレートの沈降の動きなどから、火山島は沈下を始める。

低緯度地域ゆえに浅海にはサンゴ礁が発達するため、火山島の海岸線に沿ってサンゴ礁が発達する。これを「裾礁《きょしょう》」と呼ぶ。火山島が沈降すると島本体は山頂付近を残して水没するが、サンゴ礁は浅海で上へ上へと成長するので、もとの海岸線の位置に円環状のサンゴ礁が育ち続ける。円環状のサンゴ礁と中央の島という形態を「堡礁《ほしょう》」と呼ぶ。そして、ついに中央の島が水没してしまったものを「環礁」と呼ぶ。サンゴ礁には砂がたまるなどしてわずかながら陸化する部分があるが、その高さはせいぜい数メートルである。高島と低島とは、火山島本体と、サンゴ礁による島との違いなのである。例えば、ハワイ諸島は、いわゆるハワイの島々を起点に北西に向かって列状に島が並ぶ。ミッドウェー島あたりまでは島があるが、その先も海中に海山が点々と連なっている。これらは天皇海山列と呼ばれている。現在も活発に噴火しているハワイ島の位置がホットスポットと呼ばれる海底火山が形成される地点で、ここで形成された火山島は太平洋プレートの動きによって北西に移動していく。そして徐々に沈降してゆくために、堡礁・環礁となってついには海中に没するのである。ハワイ諸島はホットスポットとプレート運動の教科書的な例である。

さて翻ってカロリン諸島はどうであろうか。実はカロリン諸島は明確なホットスポット由来といえる証拠がない。火山の形成年代も西に行くほど古くなるという大雑把な傾向は見られるものの、それぞれの島での火山活動の期間は長く、数百キロメートル離れた場所でほぼ同時に活動していたことになるため、ハワイ諸島のような単一のホットスポットというモデルを当てはめるのは難しい。(2)

ピンゲラップ島

ピンゲラップ環礁には、礁縁に航行可能な断裂がないため、ある種閉鎖された環礁といえる。ラグーン内の水は数週間の潮汐で入れ替わるとされる。(3) 最高地点は海抜約五メートルである。

ピンゲラップ島には約一五〇〇年前から人が生活していたとされるが、ピンゲラップ島の西洋人による発見は一七九三年の商船兼監獄船のシュガー・ケーン号によるものである。第一次世界大戦時にミクロネシアを日本が統治することになり、第二次世界大戦ではピンゲラップ島にも日本軍の観測所があった。

ピンゲラップ島は全色盲の島民が多いことで知られる。一九九四年にオリヴァー・サックスがピンゲラップ島を訪れた時は、約七〇〇人の島民のうち五七人が全色盲だったので、一二人に一人の割合となる。一般的に全色盲は三万〜四万人に一人といわれているので、ピンゲラップ島の全色盲の割合がいかに高いかがわかる。二〇一七年に滋賀医科大学の学生であった八幡亜樹さんが調べたところ、一八三人の島民うちの一五人が全色盲だったことから、その割合は一九九四年とほとんど変わっていない。(4) 一九七〇年代のモートンらの調査によると、ピンゲラップ島の全色盲のルーツをたどると一人の人物に行き着くとされている。一七七五年に強力なレンキエキ台風が島を襲い、約一〇〇〇人いた島民が二〇人にまで減少した。この天災を生き延びたトーカサ（ナンマルキ）が全色盲の遺伝子を持っており、その後、島の人口が増えるとともに、子孫に伝え広がった。全色盲は潜性《せんせい》（劣性）遺伝子病であるため、全色盲の子供がピンゲラップ島で初めて生まれたのは、そのトーカサの数世代後であった。現在では、ピンゲラップ島の全色盲の遺伝子は特定されており、網膜の錐体細胞の cyclic GMP によって制御される陽イオンチャネルを構成するCNGB3のβサブユニットの変異であることがわかっている。全色盲の人は錐体細胞が機能しないため、色の識別をしない杆体《かんたい》細胞によって光をとらえている。杆体細胞は錐体細胞より光に敏感に反応するため、日中の光は強すぎて、全色盲の人は物がよく見えない。また、視力が低く、眼球が震えることもある。ピンゲラップ島の全色盲の人は色を区別できないことで、バナナの食べ頃がわからないなど、全く問題がないわけではないが、日中でもサングラスをかけて普通に外出している。漁に出ることもある。ピンゲラップ島の中で暮らす限りにおいては、現在は健常者とあまり違いのない生活をしている。ピンゲラップ島は全色盲の島として知られるようになったが、これからは全色盲の人も健常者と同じように暮らす島として知られてくれればと思う。

注

（1）岩崎重三　一九一五　南洋の地質（一）　地質學雜誌　二二：二七七〜二九〇

（2）大塚　靖・山本宗立編著『ミクロネシア学ことはじめ―魅惑のピス島編』（南方新社、二〇一七年）の第一部第三章「島の成り立ち」を参照。

（3）Goldberg, W. M. 2018. The Geography, Nature and History of the Tropical Pacific and Its Islands. Springer International Publishing.

（4）八幡亜樹さんは二〇一七年の編者らの調査に同行してピンゲラップ島に入り、約一カ月間調査を行った。また、ドキュメンタリー映像作家としてピンゲラップ島の全色盲の人々に関する作品も発表している。

第三章　経済変化とマヤン畑

西村　知

本章の目的は、ミクロネシア連邦の離島における人口移動が、農地利用の制度に与える影響を明らかにすることである。この国の経済の特徴は、一般にＭＩＲＡＢ経済といわれる。海外労働者や移民（Migration）からの送金（Remittance）と公務員（Bureaucracy）の給与が貨幣経済の主要な構成要素である。このような送金経済部門や公的部門に対して民間部門は非常に脆弱であり、自給的経済部門の割合は高く、[1]二〇〇五年現在では一八％である。[2]この経済の特徴は食生活にも反映される。自給的作物が依然として重要である一方で、国民の現金収入は、海外からの輸入食品の消費を増やしている。農地利用の変化は、人々の健康、社会経済システム、生態系にも影響を及ぼす可能性があり、重要な研究テーマである。

ミクロネシア連邦では、パンノキやイモ類が主食である。農地利用は、パンノキやバナナなどの各世帯が個別に管理する裏庭農業と島の数カ所に集中する大規模なサトイモ科植物（*Cyrtosperma merkusii*、ピンゲラップ島ではマヤンと呼ばれる）の畑に大きく分けられる。[3]後者の畑は、明確な所有と耕作のルールにより管理されている。また、島民の移動は、このルールの運用とその帰結（生産・分配）にも影響を与える。本章では、ミクロネシア連邦の一離島であるピンゲラップ島におけるマヤン畑の所有者・耕作者とそれぞれの居住地に関する関係性について現地調査の情報を用いて明らかにする。また、ミクロネシア連邦の経済の特徴およびその変化が土地利用にもたらす影響について考える。

ピンゲラップ島での調査概要

ミクロネシア連邦ポンペイ州ピンゲラップ島（巻頭図２）において、二〇一二年八月および二〇一三年八月にマヤン畑の利用に関する調査および世帯調査を行った。まず、島内の住居とその所有者の居住地をすべて記録した。そして、集落に近接した一区画に大きく広がるマヤン畑を調査し、細分化された区画ごとの所有者と耕作者を示す地図を作成した。所有者と耕作者に関しては、居住地（ピンゲラップ島、ポンペイ島、グアム島、ハワイ州、アメリカ合衆国本土など）を聞き取った。ポンペイ島は、ミクロネシア連邦の首都パリキールのある島であり、ピンゲラップ島が属するポンペイ州の政治経済の中心ともなっている。これらの情報を用いて、マヤン畑の所有と耕作が、島民の島外居住（人口移動）とどのような関係があるのかを考察した。さらに、島民への聞き取り調査によって、マヤン畑の耕作および相続の実態を明らかにした。特に相続については、近年の変化について詳しくインタビューを行った。

マヤン畑の利用―生産、相続―

ピンゲラップ島の住民は、第一章で述べられているように、輸入米のほかにパンノキやマヤン、バナナを主食としている。パンノキの収穫期は五月から九月の五カ月であり、これ以外の時期、つまり、十月から四月の七カ月の期間はマヤンやバナナの重要度が増す。

パンノキやバナナの栽培は、あまり農作業を必要とせず、収穫を待つだけでよいのに対して、マヤンには数々の作業が必要となる。まずは苗を植え、一カ月後にはモ（moa）と呼ばれる雑草から作った肥料を入れる。そして一〜二週間後に土を盛る。さらに、一カ月後に同様の作業を繰り返す。品種によっても異なるが、約六カ月後には、一八〇センチメートルほどの高さになり、収穫が可能となる。島民は、週に二〜三日程度、マヤン畑での農作業を行っている。また、生産性を高めるために、年に三回程度、畑全体での除草や畝の整備をする必要もある。さらに、島民の多くによって飼育されている豚が入らないように、トタン板やネットをマヤン畑の周りに張る。これらの作業は、個別の世帯単位で行われることが多いが、共同作業も必要となる。大雨や台風の後は、マヤンを守るために島の人々が総出でマヤン畑に流れ込んだ海水を汲み出す必要がある。

ピンゲラップ島のマヤン畑は、集落に隣接する、南北約一八〇〇メートル、幅が最大で約七二〇メートルの大きな畑で、多くの島民によってマヤンが作付けされている。このマヤン畑は、短冊状に名前が付けられている。この短冊状の区画は、メッカ（mekah）と呼ばれる。図1はダマスの調査によるものである。[4] それぞれのメッカには名前が付けられている。

マヤン畑は大きく二つに分けられる。小さな橋から南の小区画が、インパラウ（Inpahrau）と呼ばれる。島の記録によれば、この小区画の最も端、つまり、南端のイーラス（Ihlas）で、マヤンの作付けが始められた。[5] ということは、北へ向かってマヤン畑が広がっていったと考えられる。マヤン畑は湿地での作付けが必要であり、水管理の利便性を考慮して、島民が一カ所にマヤン畑を作り、島のルールに基づいて、その利用や相続が行われている。

さらに、メッカは細かい区画に分かれており、この小区画はマーナメ（mahname）と呼ばれる。特筆すべきことは、すべての小区画にも所有者が決められていることである。自ら調査を行ったダマスによれば、島の土地所有は、明確な私有地と所有者があいまいな土地または共有地に区分される。[4] 前者は集落とこのマヤン畑である。

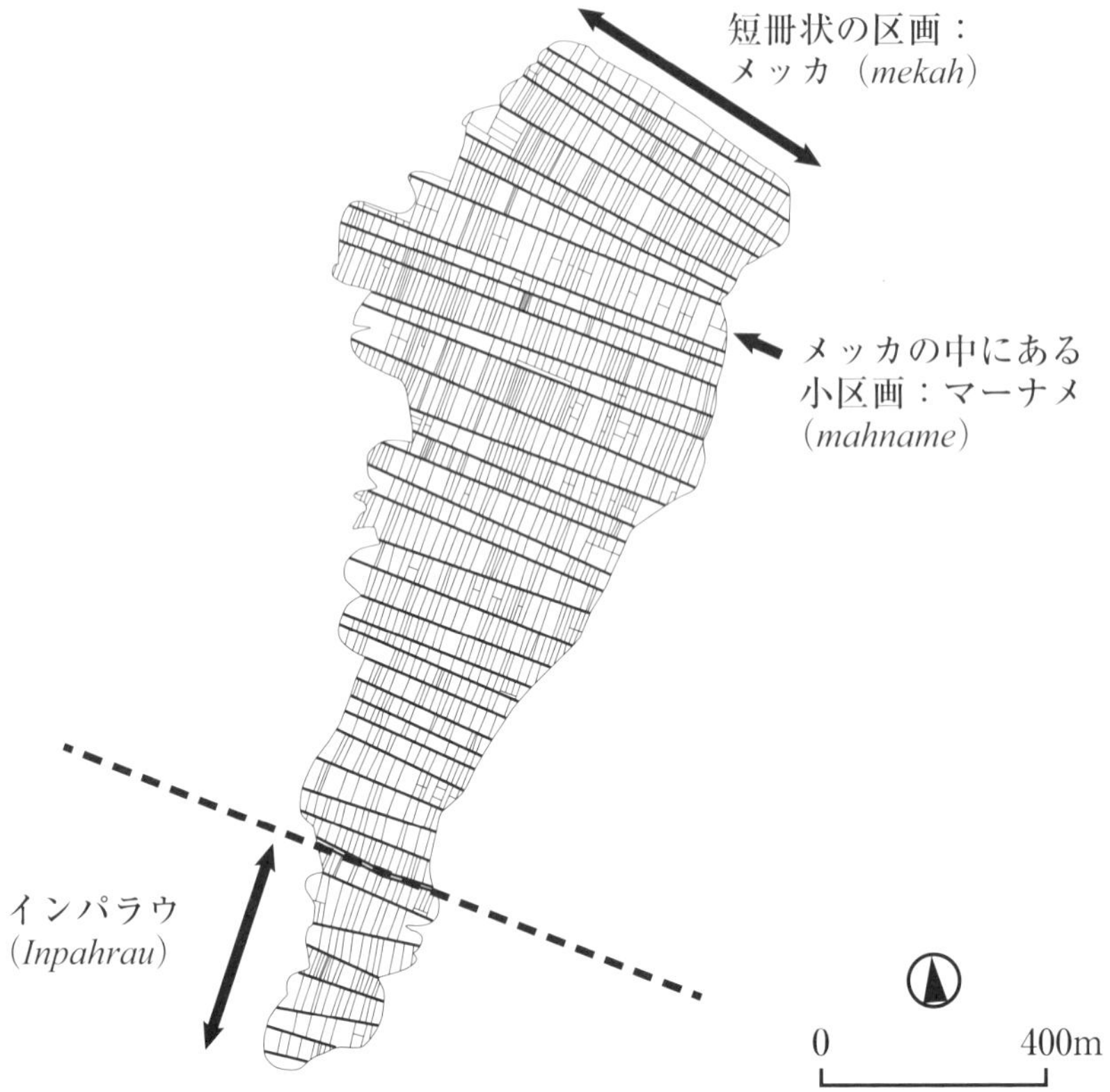

図1　ピンゲラップ島のマヤン畑の模式図。Damas（1994）をもとに筆者作成。

マヤン畑はモアル（moahl）と呼ばれる伝統的な儀式によって親から子へ相続される。この島では双系相続が行われている。[6] 父親の死期が近づいた場合、または死後に、子供たちが呼び寄せられ、男女を問わず、子供に農地が配分される。長男には他の子供たちよりも多くの農地が配分されることもある。いずれにせよ、子供たちは、父親、母親がそれぞれ相続した農地を分け合うことになる。島民にとって、マヤン畑は先祖代々受け継がれた自らのルーツを示すものである。農地の所有者は首都パリキールの役所に登録される。パリキールの裁判所に勤める島出身者によれば、農地の販売や交換を行うことは、文化的には常軌を逸していると考えられている。しかし、ダマスの調査にもあるように、稀ではあるが、実際には農地の交換や売買が行われている。[4]

人口流出とマヤン畑利用

島では人口流出が進んでいる。先述のＭＩＲＡＢ経済により、島民は、海外への出稼ぎや、アメリカ合衆国の援助で支えられるポンペイ島での公務員経済への参入のために島を出る。二〇一二年八月の時点で島内には一一九世帯の住居が確認されたが、そのうち島に常時住む世帯はわずか六四世帯で、五五世帯は通常は島の外に住む世帯であった。この五五世帯の居住地の内訳は、ポンペイ島が三三世帯、アメリカ合衆国本土が一三世帯、グアム島が七世帯、ハワイ州が二世帯であった（表1）。また、一九の空き家が確認された。島での過疎化が急速に進んでいることが確認される。

島には特筆すべき産業もなく、水産物や農産物を販売することのできる市場も近隣にはない。島民は、近代的な生活や所得機会を求めて、島を去っている。しかし、島の出身者のすべてが島とのコミュニケーションを絶っているわけではなく、島でのイベントや冠婚葬祭に参加するために帰郷している。

マヤン畑は、人口の流出によって、管理が十分にされていない部分が増加している。所有者が島外にいるマー

表1　ピンゲラップ島の世帯の主な居住地

	世帯数	割合（%）
ピンゲラップ島	64	53.8
ポンペイ島	33	27.7
アメリカ合衆国本土	13	10.9
グアム島	7	5.9
ハワイ州	2	1.7
合計	119	100

表2　ピンゲラップ島のマヤン畑の所有者および耕作者の居住地

	所有者		耕作者	
	世帯	割合（%）	世帯	割合（%）
ピンゲラップ島	38	48.1	41	53.9
ポンペイ島	17	21.5	16	21.1
アメリカ合衆国本土	5	6.3	7	9.2
グアム島	5	6.3	5	6.6
ハワイ州	0	0	1	1.3
死亡	9	11.4	0	0
不明	5	6.3	6	7.9
合計	79	100	76	100

ナメは、近しい親戚によって管理されている場合もある。その結果、島に残る島民は、自己の所有地でさえ双系相続により農地が分散化されている上に、さらに複数の分散化された農地を管理するという形になっている。二〇一二年の調査では、インパラウを除く主要なマヤン畑には一七三区画あることが明らかとなり、それぞれの所有地における所有者および耕作者の居住地に関して聞き取り調査を行った。

その結果、所有者は七九世帯、耕作者は七六世帯であった（表2）。世帯当たりの所有地および耕作地は、ともに平均で約二カ所であった。また、所有地および耕作者ともに、州都のあるポンペイ島に居住する世帯の割合が二〇％を超えていることは特筆すべきである。さらに、アメリカ合衆国本土やグアム島などの遠隔地に居住する所有者もそれぞれ五世帯と少なくない。耕作者についても、アメリカ合衆国本土が七世帯、グアム島が五世帯であった。所有者に関しては、死亡した者の世帯が九世帯あった。名義が移行していないのか、特定の所有者を決めずに柔軟な畑の運用をしているのか、現時点では明らかではない。

例えば、七一歳の男性Yは、インパラウを除くと、一一カ所の所有地を持ち、八カ所の耕作地を管理している。表3は、三〇のメッカを北から南にかけてA1から順にA30で示し、各マーナメがそれぞれのメッカのどこに位置するかを、集落近く（西側）、集落から離れた場所（東側）、その中間にわけて、所有地と他者の農地の管理地に分けて示したものである。「○」は作付けされている状態、「×」は休耕の状態を表す。この図から読み取れることは、管理地は全く作付けされていないことである。また、作付け地は、北部に多いとはいえ、かなり分散している。雑草が生い茂るマヤン畑を移動しながら農作業を行うことは容易ではない。その結果、家族が消費する分の農地に限って、作付け、除草、収穫などの作業を行うのである。

ピンゲラップ島では、先述のように、マヤン畑の所有は島民のルーツを示すものであり、メッカの区画の線引

表３　ピンゲラップ島のＹ氏のマヤン畑の所有地および管理地

	所有地			管理地（他者所有）		
	集落側	中央	集落反対側	集落側	中央	集落反対側
A1						
A2	○					
A3						
A4						
A5	○	○				
A6	○○			×		
A7						
A8	×		○	××	×	×
A9						
A10	○					
A11	○					
A12						
A13			○			
A14						
A15						
A16						×
A17						
A18						
A19						
A20						
A21						
A22						
A23						
A24						
A25						
A26						
A27						
A28						
A29						
A30	○				×	×
Inpahrau						×

表4　2013年および1994年におけるマヤン畑のメッカ（短冊状の区画）の位置と名称の比較

2013年		
A	1	Waremen
A	2	Inipene
A	3	Pwohpereu
A	4	Kiepal
A	5	Peinkior
A	6	Pwuhnwes
A	7	Mekah Rehrei
A	8	Mekah siksik in Mekah Rehrei
A	9	Alpirek
A	10	Kepwaiek
A	11	Mekah siksik in Mekah Lapelap
A	12	Mekah Lapelap
A	13	Mwungengpe
A	14	Mwungengpe samwoaroau
A	15	Sapw serewi
A	16	Duhpwen Pwalik
A	17	Mekah siksik
A	18	Pwirih mwei
A	19	Sed
A	20	Inkepwide
A	21	Waeinu
A	22	Ahlul
A	23	Lien Oang
A	24	Mekah siksik Lien Oang
A	25	Eperur
A	26	Limenwei
A	27	Sounpal
A	28	Mekah sikisik in Eperur
A	29	Eperur
A	30	Deka
A	31	Pweikeles
A	32	Palisik
A	33	Soaroakemwahn
A	34	Elias
A	35	Ihlas

1994年		
B	1	Waremen
B	2	Inipene
B	3	Pwohpereu
B	4	Kiepal
B	5	Peinkior
B	6	Pwuhnwes
B	7	Mekah Rehrei
B	8	Mekah siksik in Mekah Rehrei
B	9	Alpirek
B	10	Kepwaiek
B	11	Mekah siksik in Mekah Lapelap
B	12	Mekah Lapelap
B	13	Mwungengpe
B	14	Mwungengpe samwoaroau
B	15	Sapw serewi
B	16	Duhpwen Pwalik
B	17	Pwirih mwei
B	18	Sed
B	19	Inkepwide
B	20	Waeinu
B	21	Ahlul
B	22	Lohmes, de Mekah siksik Ahlul
B	23	Pwekil Emen, de Mekah siksikin, Lien Oang
B	24	Leing Oang
B	25	Souruhr
B	26	Mekah siksik in Eperur
B	27	Eperur
B	28	Sounpal
B	29	Limenwei
B	30	Eperur
B	31	Deka
B	32	Pweikeles
B	33	Palisik
B	34	Soaroakemwahn
B	35	Elias
B	36	Ihlas

きの改定は簡単には行われていない。表4は、著者が二〇一三年に調査したメッカ名と、島の役所が一九九四年に作成したメッカ名と[5]を比較したものである。

約二〇年前の情報の正確性を現在確認することはできないが、これが正確であると仮定すれば、この期間に一つのメッカ（A17）が現れたことになる。また、一九九四年の記録でのB22からB29と私の調査したA23からA29では、隣接するメッカの交換や整理が行われたようである。マーナメの変化までは把握することはできないが、少なくとも横長のメッカの区画に関してはほぼ維持されていることが確認できる。

マヤン畑の相続の変化と将来展望―自滅的過程または進化の過程―

マヤン畑の相続に関しては、変化も確認されている。先述の通り、相続に際しては、子供たちは島に戻ることが原則であるが、インターネット環境の整備によって、スカイプを用いた親族会議を行う世帯も現れている。島民が、島の診療所の近くで、ラップトップ型のパソコンを用いて島外の親戚や友人と会話する様子を私も確認することができた。また、現金を支払うことによって、相続の集まりに直接参加したことと同等に扱う世帯も出てきている。しかし、いずれにせよ、現在も血縁関係を基礎とした農地の相続、利用、管理が行われており、それが島民の農地の分散化につながっている。この状態が継続されると、休耕の区画が増え、マヤン畑全体の管理も困難となり、生産性も低下することが懸念される。現金収入源の乏しい離島では、送金収入などが増加しない限り、島の存続にとって自給作物のマヤンの重要性は変わらない。アメリカ合衆国からの援助の削減、それに伴う主要な島での公務員経済の縮小は、送金収入を減少させるであろう。また、アメリカ合衆国を中心とした海外労働者も近年増加していない。つまり海外労働者からの送金の増加も期待できない。島に残る者にとって、また島にUターンする者にとって、マヤン畑の有効利用の新しい方向性を模索することが必要となっている。

マヤン畑の有効利用の一つの方向性は、農地のマーナメの交換や売買を促進し、単一の耕作者の耕作箇所をひとまとめにすることである。また、不在者の農地の管理に関して、いざこざが生じないようにするために、借地、土地管理体制に関わるフォーマルな制度を設定する必要がある。このことは、島の伝統に相反することになる。しかし、島民および島出身者が、島の存続のために、土地に対するとらえ方を変えていくこと、つまり、土地を商品化することを認めることによって、マヤン畑における労働は軽減され、食糧生産能力も上昇すると考えられる。また、このような状況を実現させるためには、土地台帳の記録を公的に行って運用する制度がこれまで以上に重要となる。このような、島民＝主体と、土地制度の共進化が進展しない限り、島の人口流出は続き、島へのUターン者が増えることはないであろう。

ピンゲラップ島のマヤン畑が示唆することは、自給自足的性格の強い集落コミュニティにおいても、外部環境の変化によって、血縁関係を基礎とした慣習経済から、非血縁的関係を含む低次の市場経済への移行が必要となることを意味する。また、石川が指摘するように、この慣習経済と市場経済を補完する州政府などの命令経済が重要となる。(7) このようなプロセスが進展しない場合には、離島の過疎化、無人島化は進んでいくであろう。そして、この動き、あるいは進化の過程を進めていくのは、島民および島出身者自体である。私のインタビューによれば、このような制度変化、島民の意識変化の必要性を島の外に住む島出身者が強く持っている。島民と島出身者がコミュニケーションを継続し、共同性を持続することができるかどうかが重要であると考えられる。

注

(1) Brazys, S. 2010. Dutch disease in the Western Pacific: An overview of the FSM economy under the amended Compact of Free Association. Pacific Economic Bulletin, 25(3): 24-39.

(2) The Federated States of Micronesia. 2007. Household Income and Expenditure Survey Analysis Report. Division of Statistics, Office of Statistics, Budget and Economic Management, Overseas Development Assistance, and Compact Management, the Federated States of Micronesia, Palikir, Pohnpei.

(3) Falanruw, M. V. C. 1993. Micronesian agroforestry: Evidence from the past, implications for the future. In: Proceedings of the Workshop on Research Methodologies and Applications for Pacific Islands Agroforestry (Pacific Southwest Research Station, General Technical Report PSW-GTR-140) (Raynor, B. and Bay, R. R. eds.), 37-41, Pacific Southwest Research Station, Forest Service, United States Department of Agriculture, Albany, California.

（4）Damas, D. 1994. Bountiful Island: A Study of Land Tenure on a Micronesian Atoll. Wilfrid Laurier University Press, Waterloo, Ontario.
（5）Municipal Government of Pingelap. 1994. Pahsoan en Wein Pingelap. The Good News Press, Pohnpei (in Pingelapese).
（6）Damas, D. 1979. Double descent in the eastern Carolines. Journal of the Polynesian Society, 88: 177-98.
（7）石川　滋『開発経済学の基本問題』（岩波書店、一九九〇年）

第四章　島嶼コミュニティにおける財の交換

中谷純江

本章では、ピンゲラップ島の社会構造とその変容について論じるために、島における財の交換に注目する。貴重な財の交換は人と人の関係を生みだし、それを維持するために行われる。逆に交換しないことは、関係を持たないことや関係を断つことを意味するため、誰と誰がどのように関係を持つか、社会関係を形づけるのが財の交換というわけである。ここでは、島の主要な財である土地と労働力が交換・贈与される機会としての、相続と婚姻と養取の慣行について取り上げる。これらの慣行は、島の人口問題と土地保有制度、すなわち土地の所有、利用、相続、処分の規則と密接に結びついている。

オセアニアの先行研究では、人口圧が土地保有制度に与える影響として、出自集団や居住形態の変容が議論されてきた。例えば、ニューギニア高地の事例に、人口圧の高まりを父系出自や男系相続の強まりと関係づけて説明する研究がある。一方で、人口よりも農業の集約性が土地保有制度に影響することを指摘する研究もある。中央・西カロリン諸島およびマーシャル諸島の事例からは、人口圧の高まりを誘因とし、母系集団による土地の共同保有から個人管理へと移行することが指摘されてきた。(1)

ピンゲラップ島の人口は、二〇世紀初頭に一〇〇〇人を超えていたと推測され、島内の生産のみによって養わ

マヤン畑（イモ畑）

マヤン（サトイモ科植物、*Cyrtosperma merkusii*）の地下茎

れていた最大人口と考えられる。一九〇五年の台風による甚大な被害の後、生産手段を失った人々の島外への大規模な移住が始まった。最初の移住者はサイパン島へ向かったといわれる。次に、一九一一〜一九一二年にポンペイ島に開拓されたコロニーへの集団移住が、当時ミクロネシアを占領していたドイツ統治下で、つづく日本統治下で政策的に行われた。一九四六年には、ポンペイ島に居住するピンゲラップ人の数は一九〇人に達していたという記録がある。当時のピンゲラップ島の人口は、約八〇〇人と推測される。ポンペイ島のコロニーへの移住が新たな土地を求めて行われたのに対し、その後、雇用機会を求めた移住が加速度的に増加する。一九七〇年代には、ミクロネシア連邦と同様にアメリカ合衆国の信託統治下にあった、現在のマーシャル諸島共和国、北マリアナ諸島自治連邦区、パラオ共和国などへの移住が増えた。一九八六年のミクロネシア連邦独立以降は、アメリカ合衆国との自由連合盟約によってビザなし渡航が可能になり、ピンゲラップ島の人々は、グアム島、ハワイ州、アメリカ合衆国本土へと移住した。現在、ポンペイ島には六〇〇人、グアム島には五〇〇人、ミズーリ州には三〇〇人規模の島外コミュニティがあり、近年ではネブラスカ州、アイオワ州、ユタ州、ノースカロライナ州への移住も増えつつあるという。

一方、ピンゲラップ島の居住人口は、二〇一八年現在約二〇〇人で最盛期の五分の一以下に縮小している。多くの土地は島内に住む親戚や知り合いに管理を任せた状態にあるが、管理が行き届かずに放棄されたマヤン畑

（イモ畑）や宅地も多く見られ、わずか数年で木々に覆われた熱帯ジャングルに変貌してしまった宅地もたくさんある。

一時は、一〇〇〇人もの人口を養っていた豊かな島は、年々、活気を失っているように見える。以下では、まず、二〇世紀初頭までの増え続ける人口に対し、ピンゲラップ社会がどのように対応してきたのか、社会の存続と安定に寄与してきた社会制度について明らかにする。次に、一九七〇年代以降の人口減少への対応として、新たに発展した制度について述べ、今後の島社会の維持発展の方向性について考えてみたい。

交換されない土地（継承する土地）

ピンゲラップ島には「交換されない土地」と「交換される土地」の二種が存在する。島の人々の記憶では、クラン(2)による土地共有や共同利用については確認されず、島民が記した歴史によれば、少なくとも二五〇年ぐらい前、一七七〇年頃に土地は家族に分配されたと考えられる。(3)以降、ピンゲラップ島の土地は家族・親族の単位で管理され利用されてきた。ここでいう家族・親族とは、日常的な生計を一にする集団のみならず、種々の祭礼や儀礼の単位となる人々の集団を指す。「交換されない土地」とは家族・親族集団内で世代を超えて受け継がれる土地を指し、一方の「交換される土地」は家族・親族集団の外へ移譲される土地を意味する。

近代社会の考え方では、人（主体）が特定の土地区画（客体）を所有するが、ピンゲラップ社会では、むしろ土地に人が帰属すると理解されている。例えば、特定の土地区画には、特定の伝統的位階が備わっており、その土地はイリンガンマル（Ilingen Mwar）と呼ばれる。(4)以下では、イリンガンマルの権利をもつ者が、伝統的位階につく資格があると人々が考えていることを表す事例を紹介し、土地に位階が伴われるというピンゲラップ島の人々の考え方を明らかにする。

まず、ピンゲラップ社会の伝統的位階について、頂点にはトーカサ（Dokasa）、もしくはナンマルキ（Nahnmwariki）と呼ばれる指導者がおり、島の南側を治める王として君臨している。次にナナワ（Nahnawa）と呼ばれる位階があり、島の北側を治める王と見なされている。彼らのほかに、ナヌパス（Nanapas）という土地を司る指導者と、ナーライム（Nahlaimw）という海を司る指導者がおり、これら四人の下にナヌケン（Nanhken）という職位がある。ナヌケンの任務は、一般庶民の声を四人の統治者に伝えるメッセンジャーであり、問題に応じて島の会議を開催し、議長の役割も果たす。

後に見るように、最大で一五の位階が島で機能していた時期もあったが、多くの島民が島外に暮らしている現在では、日常生活において、伝統的位階と任務はあまり意味を持たなくなっている。しかしながら、島民にとって最高位の指導者、特にトーカサやナナワの存在は今も重要である。例えば、ピンゲラップ島のトーカサは、ポンペイ島にあるピンゲラップ移民のコミュニティで暮らしており、島に不在である。しかしながら、私たちがピンゲラップ島で調査を行う際には、必ずトーカサの許可が必要である。今でも島民はトーカサと直接に話をすることが慎まれており、私たちもメールや電話で調査の許可を求めることは許されていない。私たちの入島依頼は、ポンペイ島に住む島民からメッセンジャーのナヌケンを通して、トーカサへと伝えられる。

これら伝統的位階は、原則としてトーカサによって任命されるが、父系親族内の長子相続を基本ルールとして受け継がれてきた。その理由は、伝統的位階を伴う土地イリンガンマルが父系ラインで受け継がれることに関係している。家族・親族が管理する土地のうち、どの区画をどの子供に与えるかを決めるのは、その集団の年長男性、すなわち父親の役目であるため、父親がイリンガンマルの最大区画を与えた長子に、トーカサは追随的に伝統的職位を任命してきたと考えられる。

実際、多くの事例で見られるように、長男が伝統的職位につく限り、土地と位階の関係、すなわちどちらがどちらを伴うのか、どちらが主体で客体なのかは実質的には問題にならない。しかし、数は少ないものの、長子相

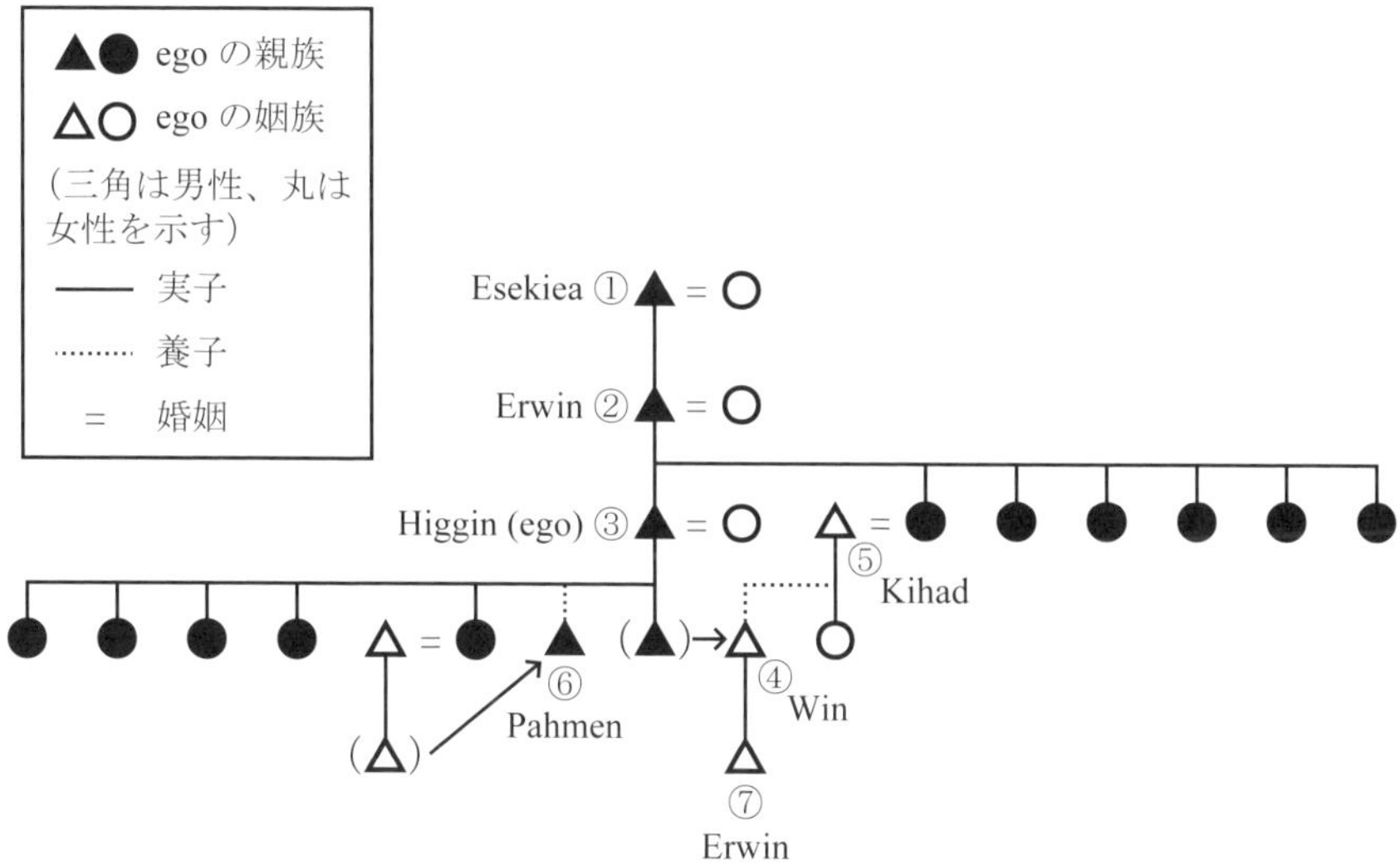

図1　親族関係とナナワの継承

続のルールに一致しない事例がある。その一つとして、一九七〇年に起きたナナワ（北の王）の継承問題を紹介する。

ピンゲラップ島のナナワの位階は、かつてエルウィン（Erwin）家が継承していた。[5] 図1にあるように、Esekiea（①）からErwin（②）へ、そして長子Higgin（③）へと継承されたが、その後、キハド（Kihad）家に移った。その背景に、Higgin（③）が長男Win（④）を自分の姉妹が嫁いだKihad（⑤）家に養子に与えたことがある。ピンゲラップ島では、後に論じるように、若いカップルが最初に生まれた子を養子に出すことは珍しくない。しかしながら、Higgin（③）はWin（④）の後に五人の娘を授かったが、息子を授からなかった。そこで、娘の息子Pahmen（⑥）をレパイ（Repai）家から養子にとった。それにより、Higgin（③）の養子に入ったPahmen（⑥）と養子に出したWin（④）のどちらがナナワの位階を受け継ぐかを巡り、キハドとレパイの二家族が争うことになった。

島の長老女性の話によれば、トーカサはHiggin（③）の意思に従うといったが、長子Win（④）を養子に

長老女性

出す際に、Higgin（③）は彼にイリンガンマルを与えていた。この事実を根拠に、養親のキハド家はナナワの地位を主張した。どちらも譲らず、トーカサはPahmen（⑥）とWin（④）のどちらか、島の慣習法を先に破った者がナナワの地位を失うと述べた。一九七〇年一一月のこと、安息日の日曜日にPahmen（⑥）は友人とお酒を飲んで養父Higgin（③）の豚を殺した。こうして、Pahmen（⑥）は資格を失い、Win Kihad（④）がナナワに就任した。現在は、彼の息子Erwin Kihad（⑦）が、ナナワの地位にある。(6)

この事例が興味深いのは、伝統的位階を伴う土地、イリンガンマルの一部を養子に出す時に、長子Win（④）に与えたという点である。このことを理解するには、次の二つの慣習について知っておかねばならない。第一にピンゲラップ島では、子供を養子に出す時に、実親は必ず土地を与えねばならない。養子は、実親と養親の両方から土地を相続することもあれば、実親からしか土地をもらわないこともある。第二に、長子はマルマルケレケル（Mwaremwar Kelekel）と呼ばれ、男女ともに親から最も多くの土地を相続する権利がある。二番目以降の子供は分配する土地があれば相続するが、ごくわずかか、あるいは相続しないこともある。

こういうわけで親は、長男には「交換されない土地」、すなわちイリンガンマルの最大区画を与える。イリンガンマルは代々同じ親族で継承し、兄弟で分割相続されてきた結果、一画に集中している。一方、長女には「交換される土地」ペリネンマル（Pelienen Mwar）を授ける。交換される土地は、養子や女性が養取や婚姻の時に持参した土地であり、離れたところに分散している。Higgin（③）には五人もの娘がおり、娘たちに持参財として与える「交換される土地」は不足していたのに対し、息子は一人だけで、しかも彼がマルマルケレケルだったので、イリンガンマルの一部を与えたと推測される。この事例は、土地に伝統的位階が伴われるという観念、言い換えれば土地が特定の人物に位階をもたらす主体として機能することを表している。

ところで、イリンガンマルの相続は、デラク（Derak）という相続儀礼において認められる必要がある。息子たちはデラク儀礼を開催し、そこで豚を殺さねばならない。デラク儀礼は、父親の生前に行われることもあるが、死後に行われることもある。息子たちは、豚を殺してその肉を父の親族、すなわちイリンガンマルへの権利を持つ人々に分配することで、土地への支払いを行ったとみなされ、父親の土地を相続する資格を得る。この儀礼において、豚を殺さない兄弟は相続人のリストから除外される。近年は島外にいる兄弟に、デラク儀礼を行うことを伝えず、すべての土地を島にいる兄弟が相続する事例もあると聞く。逆に、調査では、島外に住む兄弟が島内に住む次男に送金を行い、各人の名前で合計六匹の豚が殺された事例について話を聞くことができた。

ナナワと妻ナレイヨ

この事例では、六人兄弟のうち、現在、島内に居住するのは次男のみで、彼が父親の土地をすべて管理している。実際に父親の土地が島外の兄弟に配分される必要性はなかったが、デラク儀礼においては、六人兄弟全員がイリンガンマルを相続したことが象徴的に示された。デラク儀礼の数年後、トーカサは、島内にいる次男に対して、その父親が持っていた伝統的位階ピキピキエペン（Pikipik in Epeng）を継承するように言ったという。しかし、次男はイリンガンマルの権利を持つのは、ネブラスカ州在住の兄であるということを理由にトーカサの申し出を辞退したそうである(7)。

以上のように、ピンゲラップ島にある「交換されない土地」イリンガンマルは、特定の人物に経済的・政治的権力を付与する役割を果たしてきた。中でも長男は、家族が持つイリンガンマルの最大区画を相続する。なぜなら長男は、兄弟の中で一番経済的に豊かでなければならない。彼は様々な行事や儀礼を執り行う責任がある。兄弟姉妹の生活を支援する義務もある。長男は、家族の中の地位も高い。マルマルケレケルに嫁いだ女性、すなわち長男の嫁は、夫の両親の洗濯物を洗わないという慣習があり、親の洗濯物を洗うのは夫の姉妹や弟嫁の仕事とみなされている。

一九八〇年代に土地所有の調査を行ったダマスは、長子相続の慣習が島で支配的であり、長男とそれ以外の男性の間には土地保有において大きな差があることを指摘している。また、伝統的位階を持つ者の土地保有についても調査したところ、九人の位階保持者のうち二人を除くと、伝統的位階を保持しない長男との差がほとんどないことがわかった。ダマスは、土地の移譲と位階の移譲が結びついているのが一般的であると述べる一方、長男が経済的困窮によって伝統的位階を放棄した事例についても紹介している。

ダマスによれば、伝統的位階を父親から引き継いだある長男が、（イリンガンマルの最大区画を引き継いだにも関わらず）あまり精力的に耕作しなかったため、様々な儀礼において伝統的義務を十分に果たすことができず、しばしば腹違いの弟がイモ類やパンノキを提供し、兄の儀礼的義務を支援してきた。そのような折、一九〇五年の台風によって兄の土地は著しい被害を受け、日々の生活さえも親族の援助に頼らざるを得なくなった。その時も、腹違いの弟が兄への経済支援を積極的に行った。その後、長男は位階を自分の息子ではなく、腹違いの弟へ与えた。(8)

伝統的位階の放棄は、ダマスの知る限り少なくとも二事例あり、伝統的位階を持つことが経済的に有利になるとはいえない、とダマスは結論づけている。ピンゲラップ島では、他の太平洋の島々のように、儀礼での競争的消費によって指導者の地位に昇進するわけではない。土地が伝統的位階を伴うシステムは、競争的原理を排除するため、支配構造の安定化につながってきたと思われるが、指導者の地位は長男に生まれてイリンガンマルを相続するだけでは十分ではなく、その土地に対する勤勉な労働力の働きかけによって生産性を高め、生産物を人々へ分配することによって保証される。

したがって、一九世紀後半から二〇世紀初頭、ピンゲラップ島の人口が増加し、土地に対する人口圧が高まる中で、指導者は利用可能な土地を多く確保し、多くの労働力を動員して、多くを生産する必要に迫られるようになったと考えられる。このような状況下で、伝統的位階を放棄せざるを得ないケースも出てきたのではないだろうか。一般の人々の間でも、子供の数が多く土地が不足する家族や、逆に不妊や男女の不均衡によって労働力が不足する家族が多く見られるようになった。そうした問題に対応する形で発展していったと考えられるのが、次に述べる養子制度と持参財の制度である。次節では、人口拡大期に「交換される土地」が、ピンゲラップ社会の安定に重要な役割を果たすようになったことについて述べる。

交換される土地（一時的に管理する土地）

前節では、「交換されない土地」がピンゲラップ社会の支配構造の安定化につながってきたことを述べた。ここでは、一九世紀半ば以降に島が人口増加や性差の不均衡という問題に直面する中で、新たに発達したと考えられる二つの制度と、そこで媒体となる「交換される土地」をめぐる慣習について論じる。

ピンゲラップ社会において、土地が交換される主要な機会として養子縁組と婚姻がある。養子縁組は、プエキプエク（Pweke Pwek）と呼ばれ、ナイヤパール（Neiepwal）と呼ばれる里親制度とは区別される。前者は、子供と土地の権利が移譲されるが、後者は養育を行うのみである。子供のいる女性と再婚した場合など、先夫の子供をナイヤパール（養育）することは一般的に見られる。養育される子供は、養父の土地やその他の財への権利を持たない。養子縁組の場合は、前節でも触れたように、養子に出る子供は実親から土地の移譲を受ける。養子に入った先で、養父から土地を譲り受けるかどうかは家族の事情による。しかし、子供の数が少なく、労働力が

ココヤシの果実をとるために木に登る

ココヤシの果実の皮を剥く

不足している家が養子を取ることが多く、養父から土地を相続することも珍しくなかった。

ダマスは、一九世紀終わりに養子縁組の割合が急激に増えたことについて述べ、外部との接触が多い環境の中、不妊カップルが増えたことを一つの原因と予想している。[9] しかし、一八九〇年代生まれの男女と一九二〇年代生まれの男女をそれぞれサンプル群として調査したところ、養子縁組の割合は不妊カップルの割合よりもずっと多いことがわかった。ダマスは比較的大きな土地を相続している人々を対象に聞き取りを行ったため、データに偏向があることを考慮に入れても、彼の調査では、一八九〇年代生まれの間では実親からの相続分より、養親からの相続分の方が大きい人が多数派であり、少なくともサンプル群の大土地所有者の間では、土地相続目当ての養子が一般的であったことが示された。一方、一九二〇年代生まれの間では、養親からの土地相続も盛んであったが、実親からの相続分の方が大きい人が多くなっていた。[10]

私自身による家族・親族の系譜についての聞き取り調査でも、一九五〇年代まで養子のやりとりが頻繁に行われていたことがわかった。ダマスは養子の与え手と受け手を親戚関係にある人々がほとんどであると述べている。

バナナの葉を火で炙ると柔軟性と強度が増す

彼は親族からの養子と姻族からの養子を一括りに扱っているが、実際は、姻族からの養子、すなわち姉妹の子、あるいは娘の子や妻の兄弟の子を養子に取る事例が極端に多いことがわかった。一方、親族間の養子のやりとりはほとんど見られなかった。兄弟の子は、そもそも「交換されない土地」を共有する親族集団のため、養子縁組という形で土地のやり取りをする必要がなく、必要に応じて養育だけが行われる傾向が見られた。

養父の土地を目当てとする養子縁組といえば、養子を出す側が貧しく、迎える側が豊かであるように思えるが、当時ピンゲラップ島では、これからたくさん子供を生むことができる若い夫婦が、土地があっても労働力のない年上の夫婦に自分の子を与えることは、一種の社会規範として存在していたようである。特に、母方祖父母が養親となるケースが多く、その理由として娘を結婚で与えた分、最初の子供を返してもらうように娘の夫に要求する権利があるとダマスは記している。[11] 島の生活では、魚を獲るにも、ココヤシの木に登るにも、パンノキの果実を採るにも若い男性の労働力が必要である。養子を迎えることは、労働力だけでなく、同時に彼が実家から持ってくる土地を少なくとも彼が独立するまで管理することになり、養親の土地を増加させ、養親世帯の生存確率をあげることにもなる。ダマスの調査は、比較的土地を多く持つ人を対象にしていたため、統計結果には明確に表れなかったようだが、大きな土地を持たない人々も含めて養子縁組は頻繁に行われていたと考えられ、親族姻族間の生存を目的とした助け合いの側面もあったと思われる。

次に、養子を取る以外にも、土地を増やす機会として重要なのが嫁を迎えることである。ピンゲラップ島の二一代目王のオコノマン統治時代（一八二二～一八七〇年）に持参財の制度が確立したといわれており、ダマスはピンゲラップ社会が安定し、豊かになるプロセスで持参財制度ができたと論じている。現地では、親族内で受け継ぐ土地イリンガンマルに対し、女性が嫁ぐ際に持参する土地は、ペリネンマルと呼ばれている。ダマスの調査にも、持参財制度が確立して以降、土地の与え手として母親が登場している。一八九〇年代生まれのサンプル群では、母が持ってきた土地を娘へ与える事例が多く、一九二〇年代生まれでは、娘だけでなく息子も母から土地を相続している事例が見られるようになっており、母親から土地を相続する割合が全体的に増加している。[12]

一九世紀後半から二〇世紀前半にかけて土地への人口圧が高まる中、女性が持参財として婚家にもたらす土地、ペリネンマルの重要性が強まったと考えられる。なぜなら、人口が増加する中、長男を除くとイリンガンマルの相続分については期待できない状況で、土地を増やす手段は、妻のもたらす土地や養子がもたらす土地、息子の嫁がもたらす土地などの「交換される土地」(一時的に管理する土地)であり、それらが補完的資源として家族の経済を支え、強化し、儀礼的義務を果たすことを可能にしていたと推測されるためである。

ダマスの調査では、伝統的位階を持つ者(特定の家の長男)と一般の人々との間には、土地所有面積に大きな

材料をバナナの葉に包んでウム(uhmw、地炉)に投入

ウム

開きがあった一方で、伝統的位階を持つ者と位階を持たない長男との間には、土地所有面積にほとんど差は見られなかった。ダマスは、長子相続の慣行が支配的であることは統計から明らかだが、伝統的位階を持つ者が様々な儀礼や饗宴で食物を振る舞う義務を果たすために、多くの土地を持つという仮説は支持されなかったと述べている。[13] これに対し、土地所有に大きな差がないということは、儀礼における伝統的義務を果たすために、姻族が重要な役割を果たしていたことが示唆されていると私は考える。なぜなら男性にとって、姻族すなわち妻の実家は、土地の利用権をもたらすリソースであり、姉妹や娘の嫁ぎ先は、儀礼や祭礼やその他日常の様々な機会に食料と労働力をもたらすリソースだからである。

例えば、男性には妻の両親に対して、毎週土曜日に食事を運ぶウェシクンソーラプ（Wesik in Soulap）と呼ばれる義務がある。日曜日は安息日で食事を作らないため、女性たちは土曜日にウム（uhmw 地炉 earth oven）

豚にナイフを突き刺す

豚の毛を焼く

その後、ナイフで毛を削ぎ取る

を利用した蒸し焼きの魚、バナナ、イモ類などの料理を作り、その一部を実家に届ける習慣がある。このため、娘や姉妹がたくさんいれば、それぞれの婚家から食べきれないほどの食事が届けられることになる。こうした日常の贈物に加えて、夫婦に最初の子供が生まれると、ウムンメセニ（Uhmw in Mesehni）と呼ばれ、長子の誕生を祝う盛大な儀礼が開催される。その儀礼では、赤子の父親の家族と母親の実家が豚を殺し、親族や姻族に分配する。赤子の父親の姉妹は、実家で行われる儀礼の主要な労働力として手伝いに駆り出され、彼女たちの嫁ぎ先はイモ類を提供する役割を担う。赤子のために殺す豚の数が多いほど、儀礼は盛大とみなされ、赤子の両親やその親族集団への評価が高まる。しかし、殺される豚の八割以上の肉の配分を受けるのは、赤子の母親の実家であり、残り二割が赤子の父親の姉妹を含む父系親族へ分配される。赤子の母の実家へ配分される肉は、持参財として与えた土地ペリネンマルへの支払いであると説明される。先述のデラク儀礼においても、死者の娘たちの役割は、イモ類と労働力を提供することである。儀礼では彼女たちだけでなく、その夫（死者の義理の息子）たちも動員され、大量の豚をさばいて肉にする労働を担う。

以上のように、男性にとって娘や姉妹は、豚やイモ類や労働力をもたらすリソースであり、ピンゲラップ島では、娘がたくさんいれば、生涯、親は食べ物に困らないといわれている。イリンガンマルを持つだけでは、食料や富や社会的尊敬を得ることはできないが、ペリネンマルを娘に与えることで、イモ類や豚や労働力となって返ってくる仕組みがある。島の土地に対する人口圧が高い時代、ペリネンマルを媒介とする姻族との関係は、伝統的位階を持つ者だけでなく、持たない者も含めて、長男マルマルケレケルが盛大な儀礼的消費の義務を果たし、家族の社会的権威を高めていくために非常に重要な役割を担っていたと考えられる。それゆえ婚姻は、家族の地位だけでなく、嫁がもたらす土地の多寡を考慮して行われていた。例えば、南の王トーカサの親族には、北の王ナナワの家系の者と結婚している者がとても多い。また、イリンガンマルの最大区画を相続する長子男性が、ペリネンマルの最大区画を贈与される長子女性と結婚することも一般的であった。

島に「交換されない土地」と「交換される土地」の二種があり、男性は親族からの土地イリンガンマルを所有し、姻族からの土地ペリネンマルを管理する。その結果、彼が利用する土地は島のあちこちに分散することになる。ダマスは、その経済的効果として台風の被害を最小限に留めることを指摘している。一部の土地が塩水を被って使用できなくなっても、塩害を受けなかった別の区画で生計を支えることができ、島の限られた土地で多くの人口を支えることを可能にしてきたという。つまり、養子もしくは嫁が持参する土地の機能は、島内の土地資源や労働力の最大活用であり、最終的には島社会の平等化につながるものと理解できる。

これまで多くの先行研究では、持参財は地位の上昇を目的として与えられ、ヒエラルキーを生み出す機能、あるいは強化する機能があると考えられてきた。代表的な研究を紹介すると、花嫁側から花婿側へと財の移譲がある持参財制度は、古くから農業生産性が高く、複雑な社会階層をもつ大きな国家に見られるのに対し、花婿側から花嫁側へ贈られる婚資制度は農業技術のレベルが低く、集団間の格差が生まれにくい平等社会に見られると説明されてきた。[14] これらの議論が父系の単系出自集団を背景になされてきたのに対し、ピンゲラップ島の事例は、双系社会における持参財が全く異なる機能を持つことを示している。[15]

富の再分配制度の変容

ダマスの言うように、増加する人口を支えるための仕組みとして持参財や養子縁組の制度が発達したとするなら、逆に島外への移住が一般的になり、人口減少が著しい現在の島において、どのような制度的対応が見られるのか。この節では、土地に伴われる伝統的位階のシステムがどのように変容したか、多くの島民が外に暮らす現在、新たに登場した富の再分配システムについて述べ、変化への対応について論じる。

島には、一七七〇年代の大きな台風までに、九人の位階保持者からなる支配体制が確立していた。ムテンカスポウエ（Muten Kas Powe）という上院には、最高位の王トーカサ、トーカサを相続する次期王ワサイ（Wasahi）、海を司るナーライム、土地を司るナヌパス、最後にトーカサと話をすることができるメッセンジャー・ナヌケンの五つの位階があり、下院ムテンカスパ（Muten Kas Pa）は、ナノ（Nahno）、ナーリク（Nahlik）、ソーエル（Sowuel）、ロンポイ（Lompwei）の四つの位階から構成されていた。ナノは王の儀礼において島の人々への食料分配に責任をもち、ナーリクは王の警備、ソーエルは王による処罰を軽減するための取り計らいを行った。[16] また、下院の四人の指導者は、島の四つの地区[17]をそれぞれ代表し、トーカサの決定を執行する代理人の役割を果たしていた。一七七〇年代の台風による死によって、いくつかの伝統的位階は空席となったが、一九世紀に位階制度は回復され、拡大された。[18]

位階制度について人口増加期に起きた一つの変化として、トーカサの次期継承者、すなわちトーカサの息子が務めていたワサイという位階がナプサック（Nahpwusak）という新たな位階に変更され、一八七〇年頃には、さらにナナワという位階に置き換えられた。以降、ナナワはトーカサに次ぐ第二の位階を占めるようになった。さらに二〇世紀に新たに加えられたものも含めると、最大一五の伝統的位階が一時的に機能していた。[19]

これらすべての位階保持者に期待されていた役割は、島の祝宴や儀礼の際に、イモ類やパンノキや豚の形で多くの貢献をすることである。同じ家の出身者がトーカサとワサイの二つの位階を占めていたシステムから、ナプサックやナナワという別の独立した位階へ変更し、事実上の二人王体制をとったこと、さらに六つもの新たな位階が加えられたことなど、これらの変化は島の伝統的指導者が担わねばならない社会的義務を広く分かち合い、軽減する目的があったと考えられる。

ちょうど伝統的位階制度が拡大した一九世紀後半、一八七〇年代に島にキリスト教が導入されて以降、徐々に伝統的指導者の権威に陰りが見られるようになっていた。ナーライムとナヌパス、それぞれ海と土地を司る二人の指導者たちは、その儀礼的役割を失った。一九一二年ポンペイ島に隣接するソーケス島にコロニーが建設された後は、彼らにそこの管理が任されて移住した。また、メッセンジャーのナヌケンは、ピンゲラップ島とコロニーを頻繁に行き来して、王の命をコロニーの人々に伝える役割を果たした。日本統治期に、ピンゲラップ島の二四代目王のDick Solomon（一九二四～一九六四年）は、Chief Magistrateという官職を与えられた。一九五〇年代にアメリカ合衆国がミクロネシアに近代的な行政と法のシステムを導入した際にはChief Magistrateに加えて、Chief Justice、Associate Justice、そしてPublic Defenderの官職が島の人々に任命された。伝統的王であるトーカサの位階は、Chief Magistrateに名前を変えて息子へと継承されたが、その他多くの伝統的位階は新たな職務を持つことはなかった。(20)

　こうして伝統的位階保持者の権威は徐々に薄れ、一方で教会の指導者たちの力が増していった。もっとも、両システムにおいてリーダーの位置を占める個人も少なからずいたのだが。現在、ピンゲラップ島にはプロテスタント福音派の教会があり、教会の指導者と呼ばれる人々によって運営されている。二〇一四年の調査では、牧師（Pastor）は島におらず、牧師の代理をする尊師（Reverend）という地位に任命された人が七人、次に説教師（Preacher）の位階を持つ者が七人、執事（Deacon）一五人、長老（Elder）一二人、メンバー一一人の構成になっていた。もともとは一人しかいなかったといわれる教会のリーダーは、尊師と説教師を合わせると一四人まで増えている。

教会の日曜礼拝

　伝統的権威の衰退と教会権力の強化によって、コミュニティに起きた変化の一つは長子相続を基本とする比較的安定した権威から、個人の信仰や行いに基づく獲得型の権威への移行である。こうした中で、富の再分配を通して社会的権威を確認するためのコミュニティ祭礼に大きな変化が生じた。かつてピンゲラップ島には、デリエック（Deriek）とよばれる王が主催する祭りがあった。そこでは王が饗宴のための食料を提供し、村人のすべてに振る舞われた。しかし、二五代目王のDens Solomon（一九六四～一九八一年）の時代に、デリエックは新しい祭りに取って代わられた。

新しい祭りでは、毎年「ウクックパル（年を吹き鳴らすの意）」（Ukuhk Pal）と呼ばれる人物を選び、その人物が新年の祝祭を主催する。ウクックパルは、伝統的指導者と教会の指導者から隔年交代で選出される。一度、どちらかのカテゴリーでウクックパルを務めると、他方のカテゴリーからは選ばれない。また、島に住んでいない者も選ばれない。位階保持者は年齢と職階に応じて順位が明確に定められているため、次に誰がウクックパルを務めるか、自分の番が何年後に回ってくるかなどはだいたい予想できる。このため、位階保持者の男性たちは、ウクックパルになる準備、豚の飼育頭数や蓄えを増やす努力を前もってしなければならない。

二〇一八年の新年の祝いでウクックパルを務めた男性は、伝統的指導者の中から選ばれた。彼によれば、彼の父はナタワラ（Nadawara）という軍人の職位をもっていた。ウクックパルに選ばれると、豚を一〇匹以上殺して村人全員に振る舞わねばならない。石鹸やTシャツやインスタントラーメンなどのギフトを全家庭に配った。祭りの数日間は、通常は禁じられているお酒も飲み放題になる。地区対抗のカヌーレースも行われ、勝った地区にはウクックパルから賞金が出る。魚釣りの競争もある。ウクックパルがガソリンを準備して、地区ごとに漁に出る。多く魚を獲ってきたチームに賞金が出る。魚は村人全員で分ける。二〇一八年にウクックパルを務めた男性の場合、約一万米ドル（日本円で一〇〇万円以上）の出費があったといわれている。島内の彼の親戚はイモ類や豚を提供し、島外にいる兄弟や親戚は送金によって彼を支えねばならない。お金がなければ借りて祝宴を開かねばならない。ウクックパルは、一生に一度コミュニティのリーダーが引き受けねばならない重要な任務とみなされている。

王の祝宴がウクックパルの祝宴へと変化したのは、明らかに王一人の財力でコミュニティの祭りを支えきれなくなったためであろう。また、新しい祭礼では、ウクックパルに選ばれた人物を通して、島外にいる親戚もまた同様にコミュニティの祭りを支える役割を担っている。ピンゲラップ島内における社会的地位の確保に島外の経済が大きな役割を果たしている事実はとても興味深い。ピンゲラップ島が、島という地理的空間を超えて、トランスローカルなコミュニティを形成していることの表れとして理解できる。

島という空間を超えた親戚間の支え合いは、祭りの出費にとどまるものではない。島内に残された兄弟や親戚の畑と宅地の管理を行い、収穫物を届けるのは島内に住む者の役割である。また、島内の子供たちが高校や大学に進学する際に、甥や姪を呼び寄せて教育機会を与えるのは、島外に住む者の役割となっている。実際には様々なケースがあると思われるが、ある男性の場合、彼の息子は島で中学まで卒業し、高校はポンペイ島で学んだ。卒業後、アメリカ合衆国に住む従妹から、彼の息子の旅費や生活費や大学の費用などを負担したいという申し出があり、息子本人の希望で渡米した。男性によれば、彼の従妹は小さい頃はポンペイ島に住んでいたが、父親が酒飲みで家庭は貧しかったという。このため、男性はポンペイ島に行くたびに鶏や食物を彼女の家に届けていた。当時は小さかった彼女だが、そのことを覚えていて、今回、ソーシャルメディアを通して息子の教育を支援したいと連絡してきたという。

島内では、現金収入を得られる機会は限られているが、日常生活で米や小麦粉は必需品になりつつある。多くの人が好むパンノキには季節性があり、イモ類は通年栽培できるが、共同労働が必要なため、維持が困難になりつつある。また、イモ類は調理に手間がかかるだけでなく、味もそれほど人々に好まれていない。現在は、主食の位置を調理が簡単な米にとって代わられ、価値が減少しているようにも見える。しかしながら、毎週土曜日に妻の両親へ届ける食事ウェシクンソーラプや、相続儀礼のデラク、長子誕生を祝うウムンメセニなど重要な儀礼では必ずイモ類が必要とされる。米は代わりにはならない。なぜなら、土地の対価はイモ類と豚で支払わねばならず、決してお金で支払うことはできないからである。土地を物象化せず、あくまで土地に人々が帰属し、土地に位階が伴われるとみなすことによって、土地の市場化を避ける。そうすることによって、ピンゲラップ社会はグローバル経済に抗して、島を維持していこうとしているように私には思われる。

漁の後の魚の分配

そのほかにも、島の人々は儀礼の準備として豚を飼育しているが、必要に迫られて他人から豚を購入することもある。生きた豚は一パウンド当たり一・七五米ドルであるが、さばいた後に豚肉として購入すると、一・二米ドルへと値段が下がる。生きた豚の重さには、骨などの可食部以外も含まれていることや、豚をさばくためにかかる多大な労力のことを考えるなら、肉そのものの値段が生きた豚よりも安いのは理解しがたい現象である。しかし、島では豚肉の価値は豚よりも低いという。これはピンゲラップ島の人たちが市場論理を理解していないからではない。彼らの中には、人生の一部を出稼ぎに費やし、昼も夜も区別がないぐらいに、猛烈に海外でお金を稼いできた経験を持つ人たちも多くいる。あえていうなら、島の論理に従って生活することを求めて戻ってきた人も多い。島の論理では、豚を食べることではなく、誰かのために殺すことに価値がある。死者のため、赤子のため、コミュニティの人々のために豚を殺すことによって、人はピンゲラップ島の大人としての役割を果たすことができる。また、誰かのために殺した豚は必ず返礼の豚として戻ってくる。自分の家の儀礼のために誰が豚を殺してくれたかは、必ず記憶されており、次にその人が儀礼を行う際に、今度は自分がその人の家族のために豚を殺す。こういう訳で、食べることしかできない豚肉、すぐに腐ってしまう豚肉、返礼として戻ってくることのない豚肉の価値は低い。

魚の値段についても同様である。ピンゲラップ島の男性たちは、地区ごとに共同でボートを出して漁に出る。海辺にボートが戻ってくると、その日の漁獲は同じ地区の人々に分配される。他の地区の人は、基本的には購入

ココヤシの葉の中軸で箒を作る女性

ココヤシに紐をくくりつけたブランコで遊ぶ子供

することができない。その時、魚の値段は種類に関係なく重さで決められるが、一パウンド当たりの価格の基準となるのが、需要と供給のバランスではなく、漁に必要なガソリン代である。ガソリン代が上がれば、魚は高くなり、ガソリン代が下がれば安くなる。海からの食料についても、その分配にはコミュニティ内の共有という価値観が強く反映されているといえるだろう。

ピンゲラップ社会は、人口増加期には土地と労働力の不均衡を是正し、できるだけ多くの人々を養うためのシステムを発展させた。そして、現在の人口減少期には、島外の経済によってコミュニティの祭礼を支えるシステムを発展させることによって、ピンゲラップ社会の維持が図られている。

両者に共通するのは、財を共有する価値観、平等化の方向性である。私には、こうした市場の論理に抗する価値観や方向性が、島を超えたトランスローカルなピンゲラップ・コミュニティが形成される背景にあり、今後、ピンゲラップ社会を維持発展させて行くために守っていかねばならないものであると思われる。

注

（1）Damas. D. 1994. Bountiful Island: A Study of Land Tenure on a Micronesian Atoll. Wilfrid Laurier University Press, Waterloo, Ontario. pp. 9-12.

（2）クランは氏族集団を指し、共通の始祖を持つとみなされる人々の集まりである。多くの場合、外婚集団を形成し、同一クランのメンバーとの婚姻は禁じられている。クランの下部単位にリネージがあり、父系または母系のどちらかを通して共通の祖先へとつながりを辿ることができる出自集団を指す。ピンゲラップ島ではクランは確認されなかった。

（3）島の伝承をまとめた本によると、一七代目王のSemenuhweの時代にイモ畑と宅地が人々に分配されたと記されている。また、二二代目王のIengiringir（一八七〇〜一八八一年）が最初に洗礼を受け、名前をSolomonに変更したとある。二二代目以前の王については、在任期間は記されておらず、一代の王の統治期間を二〇年と見積もった場合、一七代目王の統治期間は、一〇〇年前の一七七〇年頃と予想され、今から二五〇年ぐらい前に土地の個人保有が始まったと考えられる。

（4）通訳兼インフォーマントの男性によれば、イリンガンマルは"land lying on traditional title"を意味する。

（5）歴史上の人物の名前については、島民の許可を得て、実名で記す。

（6）二〇一四年八月、当時七八歳であった女性へのインタビューによる。

（7）次男へのインタビューによれば、トーカサの申し出を断った理由は、一つには自分が親の伝統的位階を引き継げば、自分の兄が帰ってくる場所を失うことになるという配慮がある。兄の家族はネブラスカ州在住で、現実的には島に帰ってくる可能性は少ないが、島の家や土地、位階の権利が兄にあると表明することで、家族の一体感や連帯を維持しようとしているように思われる。もう一つの現実的理由は、伝統的位階を引き継ぐには、大きな経済的支出を覚悟しなければならないことがある。島では、伝統的指導者は祭事において最も多く出費をしなければならない。自分はそれほど豊かでなく、儀礼の出費を担えるようになるには、あと一〇年ぐらいはかかると話していた。

（8）先掲書Damas (1994) p. 119.

（9）先掲書Damas (1994) p. 119. を参照。一八七〇〜一九一一年の間に生まれた女性たちの不妊率が平均二五％と最も高く、養子のやりとりを行う割合も一五％に達していた。

（10）先掲書Damas (1994) p. 97.

（11）Damas. D. 1983. Demography and kinship as variables in adoption in the Carolines. American Ethnologist. 10(2): 328-344.

（12）先掲書 Damas (1994) pp. 94-99.

（13）先掲書 Damas (1994) p. 122.

（14）持参財と婚資についての議論は、Goody, J. and Tambiah, S. J. 1973. Bridewealth and Dowry. Cambridge University Press, Cambridge. を参照。

（15）鹿児島県奄美群島喜界島からも、ピンゲラップ島同様に平等化に結びつく持参財が報告されている。蒲生（一九五七）によれば、シマ（集落）ではイトコやフタイトコとの婚姻が比較的好まれ、その理由として、喜界島には、嫁ぐ娘に持参財として一片の土地を与える習慣がある。イトコ婚は結果的に見て「母の実家に土地をもどすこと」であったり、「父親の代に分与した土地の一部をとりもどすこと」であったりする。それにより、土地が非血縁者に渡ることが妨げられる。また、農作業はハロウジと呼ばれる双系の親族集団の共同労働によって行われるため、実質的な仕事や労働に変化が生じないという利点がある。ハロウジ内婚がくりかえされることで、ハロウジ内の家族に上下関係はなく、相対的に閉鎖的な集団に結集し、連帯と共同の強固な機能を持つようになったと説明されている。詳しくは、蒲生正男　一九五七　喜界島における「ハロウジ」の一考察　人類科学　九：一五三〜一六七を参照。

（16）ロンポイについては、現在その名称（位階）は継承されているが、その伝統的な役割について記憶している者を見つけることができなかった。

（17）ピンゲラップ島の地区割については、第一章参照。

（18）Damas, D. 1983. The title system of Pingelap and the diversity of atoll political organizations. Culture, 3(1): 3-18.

（19）先掲書 Damas (1994) p. 120.

（20）先掲書 Damas (1994) p. 120.

第五章　公衆衛生―蚊媒介性感染症について―

大塚　靖

医療は離島にとって大きな問題である。離島では医療設備がどうしても十分になることはない。私が住む鹿児島県でも、三島村や十島村の島々には医師が常駐しておらず、定期的に各島々を訪問しているだけである。ピンゲラップ島でもこれは同じで、医師はいないし、看護師もいない。ディスペンサリーという薬局（および処置室）があってヘルスアシタントと呼ばれる人が薬を出すだけである。このような離島で感染症、特に蚊が媒介する感染症が流行したらどのようなものかを考えてみた。

蚊が媒介する感染症として世界的に最も重要なものの一つにマラリアがある。二〇〇〇年には世界で三億人がマラリアに感染し、一二〇万人が死亡した。近年は対策が進み、死者は年間四〇万人ほどになっている。マラリアの病原体はマラリア原虫であり、蚊によって媒介される。しかし、すべての蚊がマラリアを媒介するわけではない。ヒトに感染するマラリア原虫はハマダラカという種類が媒介している。幸いにも、ミクロネシアにはハマダラカがいないので、マラリアの流行は起こらない。

また、象皮病などを起こすリンパ系フィラリアも蚊が媒介する感染症である。かつては太平洋諸島を含む世界の熱帯地域でこのリンパ系フィラリアが蔓延していたが、世界的な撲滅プログラムが進行しており、ミクロネシア連邦ではほぼなくなりつつある。マーシャル諸島共和国では二〇一七年にリンパ系フィラリアが完全になくなったと宣言された。[1] ミクロネシアでリンパ系フィラリアを媒介するのはネッタイイエカ（*Culex quinquefasciatus*）である。この蚊はピンゲラップ島にもいるが、現在ではピンゲラップ島でリンパ系フィラリアに感染することはない。

さらに、ピンゲラップ島を含むミクロネシアで現在流行が懸念されている蚊媒介性感染症にデング熱とジカ熱がある。ミクロネシア連邦で記録に残る最初のデング熱の流行は一九九五年にヤップ州で起きた。[2] その後、二〇〇四年にヤップ州でより大きな流行、[3] そして二〇一二年にはコスラエ州で流行が起こっている。[4] デング熱はフラビウイルス科に属するデングウイルスに感染すると発症する急性熱性疾患である。感染後二～七日の潜伏期の後、発熱、頭痛、関節痛などの症状を示し、その後、発疹が胸部や体幹から出現し、四肢、顔面に広がる。また、デング出血熱になると、血管からの血漿露出による循環血液量の低下が起こり、ショック症状、末梢血管での血液凝固へ進行し、消化管などから大量に出血し、死に至ることがある。デング熱は二〇〇〇年前後から世界的に急激に拡大し、近年では、世界で毎年三五〇〇万人の感染者、二〇〇万人のデング出血熱、二万人の死者が出ている。[5]

ジカ熱もミクロネシアで流行したことがある。ジカ熱は一九四七年にアフリカのウガンダでウイルスが分離され、その後、ヒトへの感染については、アフリカやアジアで一〇例ほどの報告が散発的にあっただけだった。しかし、二〇〇七年にミクロネシア連邦のヤップ州で突然流行した。[6] ヤップ州での流行後、しばらく流行は起こらなかったが、二〇一三年にフランス領ポリネシア、二〇一四年にクック諸島やイースター島などで流行が起こった後に、二〇一五年に南米大陸で大流行した。[7] その後、流行地域は地中海や中米に広がっていった。ジカ熱はデングウイルスと同じフラビウイルス科に属し、症状はデング熱に類似するが、それより軽い。ヤップ州での流行時はジカ熱の症状が比較的軽微だったこともあり、当時は世界的には大きな問題にならなかった。しかし、妊婦がジカ熱に感染すると、先天的に脳の発育が不十分な小頭症の新生児が生まれるという報告が二〇一五年になされ、大問題となった。

ミクロネシアにおけるデング熱とジカ熱の近年の発生状況については、マーシャル諸島共和国では二〇一五年と二〇一六年にジカ熱の報告があり、[8] ミクロネシア連邦コスラエ州では二〇一六年にデング熱およびジカ熱の検査を行ったところ、それぞれの感染者を検出している。[9]

デング熱およびジカ熱には、インフルエンザのように感染した時に治療する薬が今のところなく、対処療法しかない。また、ワクチンも実用化されていない。つまり、デング熱およびジカ熱の対策は病気を流行させないようにすることが第一である。そのためには、媒介する蚊を発生させないことである。特に、医療体制が不十分なピンゲラップ島のような離島では、媒介蚊を発生させないようにすることが非常に重要となる。

ピンゲラップ島でのデング熱およびジカ熱の対策には、どのような種類の蚊が、どのような場所に生息しているのかを明らかにした上で、媒介蚊の発生を抑制する方策を考えていかなければならない。本章では、私たちがピンゲラップ島で行ってきた疾病対策の取り組みを紹介したい。私たちは同様の取り組みをミクロネシア連邦チューク州ピス島でも行ってきた。[10] 本章の中でピス島との比較が少なからず出てくるので、詳細はそちらも合わせてご参照いただきたい。

ジカ熱に注意を促すポスター

ピンゲラップ島の蚊

ピンゲラップ島を含めたミクロネシア連邦とマーシャル諸島共和国にどのような蚊が分布するのかを表1に示した。[11] ピンゲラッ

表1　ミクロネシア連邦およびマーシャル諸島共和国での蚊の分布

	ミクロネシア連邦													マーシャル諸島
	ヤップ州						チューク州			ポンペイ州			コスラエ州	
		ウルシー環礁					チューク諸島							
	ヤップ	ファララップ	モグモグ	アソール	ファッサライ	ファイス	ウェノ	ロマヌム	ピス	ポンペイ	モキール	ピンゲラップ	コスラエ	
Aedes hensilli	◎	◎	◎	◎	◎	◎	◎	○	◎					
Aedes albopictus							○			○	◎		◎	
Aedes aegypti												◎	△	●
Aedes lamelliferus	○						△							
Aedes maehleri	○													
Aedes scutoscriptus								◎	◎					
Aedes hakanssoni										◎				
Aedes oakleyi										○				
Aedes marshallensis											◎	◎	◎	●
Aedes vexans noctanus													△	●
Aedeomyia actasticta	△													
Culex quinquefasciatus	△	○	○	○	△	○	△	○	○	○	○	○	○	●
Culex annulirostris	△						△		○	△			△	
Culex sitiens	△													
Culex gossi		△												
Culex nigropunctatus						△								
Culex carolinensis							◎	○	○					
Culex maplei										◎				
Culex kusaiensis													○	
Lutzia fuscana	△													
Lutzia vorax							△							

◎：30%以上の生息箇所に幼虫、○：10～30%の生息箇所に幼虫、△：10%未満の生息箇所に幼虫、●：マーシャル諸島については生息する種類のみを示している（Noda 2014を一部改変）

プ島には三種類の蚊が生息している。ほとんどの人は蚊の種類などを気にしていないだろうから、三種類もいる、と思うかもしれない。しかし、表1を見てもわかるように、比較的大きな島であるヤップ島、ウェノ島、ポンペイ島、コスラエ島にはより多くの種類の蚊が生息している。基本的には小さな島では蚊の種類が少ないが、ピス島はピンゲラップ島よりも島が小さいにもかかわらず、五種もの蚊が生息している。これは島と生物の種数との関係を示したマッカーサーとウィルソンの種数平衡説で説明ができる。マッカーサーとウィルソンは、島の面積と、その島と大きな島（または大陸）との距離が島の生物の種数に影響しており、生物の移入と絶滅の割合で種数が平衡に保たれるとした。[12] 大きな島と近く、島の面積が大きければ、移入の割合が増えて絶滅の割合が減るというわけである。ピス島は近くの大きな島となるウェノ島との距離が二五キロメートルであるが、ピンゲラップ島はポンペイ島とコスラエ島のほぼ中間にあり、それぞれの島まで約二七〇キロメートルと大きく離れている。他の小さな離島も同じように、近くに大きな島がなければ蚊の種数は増えない。蚊の種数が増えないことは、人にとってはよいことかもしれない。しかし、マッカーサーとウィルソンの種数平衡説は、すべての生物に当てはまることであるため、ピンゲラップ島での生物多様性は低くなってしまうのである。

ピンゲラップ島に生息する蚊は、ネッタイシマカ（*Aedes aegypti*）、マーシャルシマカ（*Aedes marshallensis*）、[13] ネッタイイエカである。このうちデング熱およびジカ熱を媒介する蚊として最も重要なのはネッタイシマカである。

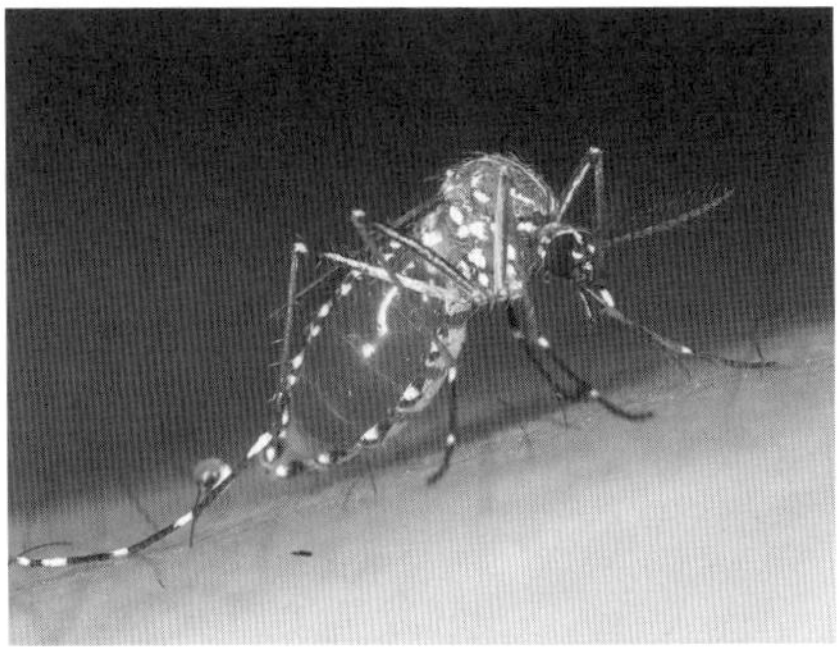

ネッタイシマカ（国立感染症研究所昆虫医科学部提供）

ネッタイシマカ

ネッタイシマカはミクロネシア連邦ではピンゲラップ島とコスラエ島に生

息が確認されている。ネッタイシマカが生息するかどうかは疾病対策上大きな問題となる。ネッタイシマカはデング熱、ジカ熱、黄熱、チクングニア熱などのウイルスを媒介するからである。

ネッタイシマカはもともとアフリカの森林で野生動物を吸血して樹洞などで発生していた。それらのネッタイシマカは現在でも祖先型 *Ae. aegypti formosus* としてアフリカの森林部に生息する。ある学説によると、起源前二〇〇〇年ごろ乾燥したサハラ砂漠によって隔離された北側の一部の祖先型は、人吸血性や屋内およびその周辺の人工容器で発生できる性質を獲得した。[14] これは *Ae. aegypti aegypti* で、現在世界に広がっている都市型のネッタイシマカである。この都市型のネッタイシマカはヨーロッパに侵入したのち、一世紀にはインド亜大陸、八世紀には西アフリカ、一五～一八世紀には新大陸、一九世紀半ばには東南アジアに到達したと考えられている。つまり、ネッタイシマカは国際的な交流が進むにつれて世界各地に広がっていった。ネッタイシマカが、ミクロネシアにどのようなルートでいつ侵入したのかについてはよくわかっていないが、人の活動によってもたらされたのは間違いないだろう。

ポンペイ島に生息するヤブ蚊のヒトスジシマカ（*Aedes albopictus*）も同じく外来種である。ヒトスジシマカは東南アジアの森林が起源と考えられている。ヒトスジシマカも人工容器発育性やヒト吸血性を獲得して都市にも広がっていくが、樹洞発育性および屋外吸血性は維持した。さらに、寒耐性や短日休眠性を獲得して温帯へと分布を広げていった。ヒトスジシマカは、二〇世紀に入ってミクロネシアを含む太平洋の島々やマダガスカル島に侵入し、一九八五年には北米のヒューストン、そしてその後も南米、ニュージーランド、オーストラリア、ヨーロッパ、アフリカに分布域を拡大している。

ネッタイシマカとヒトスジシマカは、拡大域の最前線では時に同所性を示し、この二種間、または地元に生息していた近縁種と生息域の攻防を展開する。ハワイ州には一八三〇～一八九六年ごろにネッタイシマカとヒトスジシマカが同時に移入した。一八九二年ごろまではネッタイシマカが全盛を極めていたが、一九四三～一九四四年にはほとんどがヒトスジシマカに代わっており、その後ネッタイシマカは絶滅したと考えられている。日本の沖縄では、第二次世界大戦前後はネッタイシマカとヒトスジシマカが生息していたが、その後ネッタイシマカは減少し、ヒトスジシマカに置き換わっていった。一九七〇年の石垣島での採集を最後に、ネッタイシマカの日本での記録はない。

そのような視点でミクロネシア連邦の蚊の分布を見ると、ネッタイシマカとヒトスジシマカはポンペイ州とコスラエ州に分布していて、分布していないヤップ州とチューク州には *Aedes hensilli* が生息している。このことから、ヤップ州とチューク州では、固有種の *Aedes hensilli* が生息していたため、ネッタイシマカとヒトスジシマカが定着できなかったのではないかと考えられる。しかし、現在はチューク州のウェノ島にはヒトスジシマカが生息している。なぜ、ウェノ島にヒトスジシマカが生息しているのかは不明である。ヒトスジシマカは中古タイヤなどに付着した卵により拡散される。人口の多いウェノ島には多くの物資が運び込まれるので、それらの物資に付着してヒトスジシマカの卵もウェノ島に持ち込まれたのかもしれない。このように蚊の生息状況は変化していくこともあるので、その島の生息種を常に把握しておく必要がある。

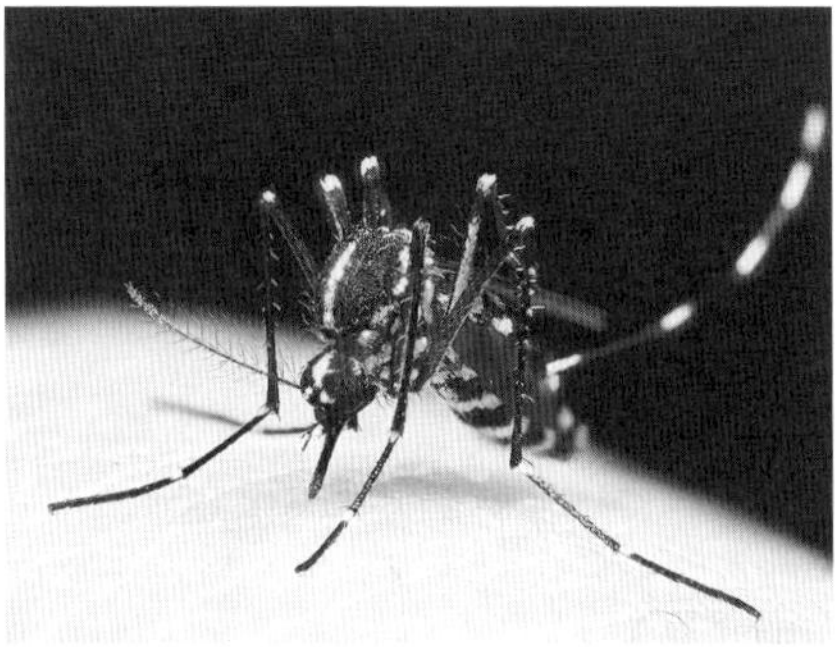

ヒトスジシマカ（国立感染症研究所昆虫医科学部提供）

ネッタイシマカが感染症対策として重要なのは、様々なウイルスを媒介するからである。特にデング熱の発生地域はネッタイシマカの分布と重なっており、ネッタイシマカとともにデング熱が世界に広まったと考えられているからである。では、実際にピンゲラップ島ではどのような場所にどのような蚊が生息しているのだろうか。特に、ネッタイシマカは島の中のどのような場所を好むのだろうか。

ピンゲラップ島での蚊の分布調査

どのような蚊がどのような場所に生息しているのかを明らかにするために、ピンゲラップ島で蚊の生息域に関する調査を行った。調査方法としては、各居住区画に行き、敷地をくまなく回り、可能な限りのすべての水が溜まっている容器について、蚊の幼虫がいるのかどうかを調べた。水がある容器は、容器の素材、大きさを記録し、写真を撮影した。幼虫がいると、ピペットで容器に移し、宿舎に帰ってアルコールを入れて、後で種を同定した。調査は八月に行い、五日ほどかけて可能な限りの区画を回って調査した。この調査が結構大変である。ピンゲラップ島は小さな島とはいっても歩いて各区画を回るのはかなり疲れる。何より暑い。朝ごはんを食べて調査に出て、お昼にいったん戻って昼食を食べて、また午後から出かける。これを毎日繰り返していると顔が真っ赤に焼けていく。それぞれの区画の敷地内をくまなく歩いて蚊が生息しているかを調査するのは非常に大変ではあるが、これには別の意図もある。調査という名目でピンゲラップ島のすべての敷地を観察できるのである。この調査でピンゲラップ島の人たちがどのような生活をしているのかもわかってくる。後で述べるが、この生活の仕方が蚊の生息にも関わってくることになる。

居住区画をくまなく調べる蚊の生息調査

二〇一二年は一四二区画で調査を行った。その結果、三八六個の水の溜まっている容器を記録した。そのうち、蚊の幼虫がいたのは一五七個で、素材別、種類別にまとめると表2のようになる。最も多くの発生場所にいたのはマーシャルシマカで、ついでネッタイシマカ、ネッタイイエカであった。蚊の幼虫は水が溜まっている様々な容器を生息場所にしている。どのような発生容器に幼虫がいたのかを見てみると、最も多かったのがプラスチッ

表2　ピンゲラップ島での蚊幼虫発生容器数

	容器種類	蚊幼虫がいた容器数	種類別 *		
			ネッタイシマカ	マーシャルシマカ	ネッタイイエカ
人工素材	プラスチック容器	65	31	24	21
	コンクリート製水タンク	25	8	4	17
	ドラム缶	19	12	2	9
	金属容器	17	7	10	1
	瓶	3	3	0	0
	陶器	3	1	2	0
	タイヤ	1	0	1	1
	素材不明	1	0	1	0
天然素材	ココヤシ殻	15	1	14	0
	バナナ葉	6	0	6	0
	樹洞	2	1	1	0
	合計	157	64	65	49

* 一つの容器に複数の種類が生息することもある。

ク容器である。その次に、コンクリート製水タンク、ドラム缶、金属容器、ココヤシ殻と続いた。ここで見られる発生容器のうち、プラスチック容器、金属容器、ココヤシ殻は生活の中から出たごみである。表2は素材別に天然素材と人工素材とに大きく分けられている。マーシャルシマカは天然素材と人工素材をともに利用しているが、ネッタイシマカとネッタイイエカは人工素材を主に利用している。これはネッタイシマカとネッタイイエカが人の活動とともに世界に広まっていったことと関係があると考えられる。

区画ごとの蚊幼虫発生数を図1に示した。調査した一四二区画のうち、六三区画に蚊幼虫が発生した容器があった。蚊幼虫の発生容器がある区画では、一個の発生容器がある区画が最も多く、平均すると区画当たり二・五個であった。図1で注目すべきは、ある一区画には一六個の発生容器があったということだ。このように多くの発生容器があった区画では、ココヤシ殻を敷地のいたるところに捨てている場合が多かった。

以上のように、私たちの調査によってピンゲラップ島の居住地域における蚊の発生状況が明らかとなった。デング熱およびジカ熱を媒介するのは主にネッタイシマカである。マーシャルシマカについてはその媒介能は不明である。ネッタイシマカと同じ亜属に属することから媒介能があるかもしれない。しかし、世界的にもデング熱の媒介蚊であるネッタイシマカの対策をまずは考えなければならない。

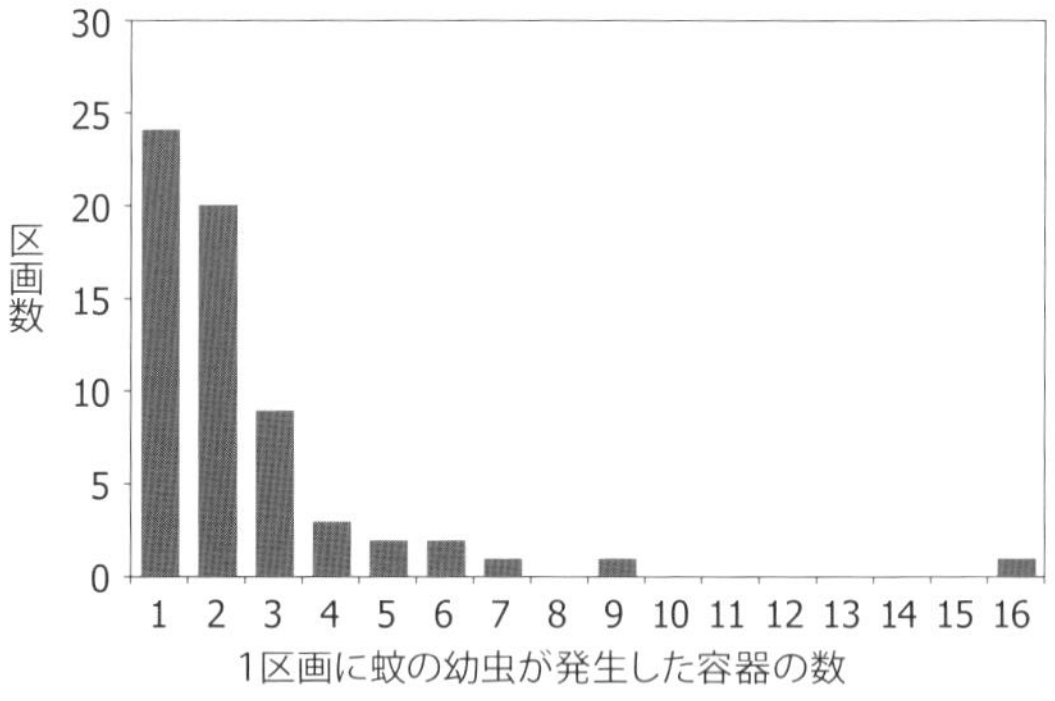

図1　ピンゲラップ島での居住区画別蚊幼虫発生容器数

蚊に刺されないためには

もしピンゲラップ島でデング熱またはジカ熱が流行した場合には、まずはネッタイシマカに刺されないようにすべきである。ネッタイシマカは野外で吸血するが、屋内にも入ってくる。そして、主に日中に吸血し、朝方や夕方にも来るが、夜になると吸血には来ない。ネッタイイエカは夜に吸血に来るので蚊帳を用いて感染の予防をするが、デング熱を媒介する蚊には夜間の蚊帳はあまり効果的ではない。日中に蚊に刺されなければよいのだが、これが大変難しい。日本人がデング熱の流行地に行くときに蚊に刺されないための予防方法は、長袖・長ズボンを着用して素肌を露出させないことと、忌避剤を使用することといわれている。しかし、エアコンが効いた場所が多い都会ならまだしも、ピンゲラップ島などの電気が通っていない熱帯地方の離島では、長袖・長ズボンで生活するのは現実的ではない。また、ディートなどの忌避剤は効果があるものの、数時間でその効果がなくなることや、露出している肌に満遍なく塗らないと効果がないことから、現地の住民が日用に使うには適していない。

このように蚊に刺されないようにすることは難しく、蚊の発生を抑える方法が重要となる。ピンゲラップ島で最も多かった蚊幼虫の発生容器はプラスチック容器であるが、蚊の発生する個体数に最も貢献しているのがコンクリート製の水タンクである。第一章や第二章で述べられているように、ピンゲラップ島では井戸水の利用もあるものの、ほとんどの世帯の敷地に設置してある大きなコンクリート製水タンクに溜められた雨水が主に生活用水に用いられる。この水タンクに時々、蚊が発生しているのである。常に利用されている水タンクであれば、蚊の幼虫がいたとしても、個体数はそれほど多くならない。最も問題となるのは、人の住んでいない家の敷地にある水タンクである。蓋もせずに、木の葉などが落ちている水タンクには、時として大量の蚊が発生している。まるでわざわざ蚊を増殖しているかのようだ。

そこで、まずピンゲラップ島で取り組むべきことは、大量に蚊が発生している水タンクをなくすことである。それに最も効果的な方法は魚を放つことである。魚は蚊の幼虫や蛹を食べてくれるので、魚がいる水タンクには蚊が発生しない。そのため、蚊が大量に発生している水タンクには魚を放つよう島の協力者にお願いしている。しかし、魚を放つには水タンクの持ち主の許可がいる。蚊が大量に発生している水タンクのほとんどは、ピンゲラップ島を出ていった人たちの敷地にあるため、すぐには土地の所有者に連絡がつかず、対策を講じることができないことも少なからずある。私たちの調査では、可能な限り蚊の幼虫を回収するが、さすがに大きなタンクの水を抜くわけにもいかないので、水タンクの蚊は放置されていく。

それでは、ココヤシ殻やプラスチック容器、空き缶などの生活で出てくるごみは、どうすればよいのだろうか。最もよい方法は、日本のようにごみを集めて処分する方法だが、そのような予算は島にはないし、ごみを処分する施設を島の中に作れるとも思えない。デング熱を媒介するネッタイシマカの飛翔距離が一〇〇メートル程度といわれているため、焼却や埋め立てをしなくても、居住地から少し離れた場所にごみ捨て場を作れば人への吸血は防げるのだが、それも難しそうである。

ピンゲラップ島では各家庭のごみはそれぞれの敷地内で処分されている。穴を掘って埋めたり、焼却したりと、きちんとごみを処分している家庭もあるが、ごみが裏庭に放り投げられているだけの家庭もある。そのように無造作にごみを捨てると、それらは蚊の生息容器となる。そこで、私たちはデング熱対策の重要性と生活から出るごみがデング熱を媒介する蚊の発生源になることを説明したパンプレットを作り、島民に配布するとともに、島民にディスペンサリーに集まっていただき、関連DVDを上映する説明会を開催した。パンフレット配布や説明会の効果なのか、毎年私たちが調査を行う時に「蚊」が話題にあがるからなのかはわからないが、いくつかの敷地では蚊の発生源が減っているようである。しかし、ピンゲラップ島の全島民にデング熱対策の重要性を理解してもらうのは難しく、状況が劇的に変わっているわけではないので、長期にわたる啓蒙活動が必要であろう。

ピンゲラップ島で調査をしているとやはり蚊に刺されることがある。小さく盛り上がった発疹ができてかゆくなるが、多くの場合はしばらくすると軽快する。しかし、時に赤くなりしこりができることがある。この場合は

蚊の幼虫が多数生息するコンクリート製水タンク

蚊の幼虫が生息するプラスチック容器

蚊の幼虫が生息するココヤシ殻

かゆみが数日間続く。かゆいので掻いてしまうと傷口ができてしまい、傷口から細菌に感染してただれていく。水疱ができることもある。これは「伝染性膿痂疹《でんせんせいのうかしん》」（通称とびひ）に発展してクレーターのようになってしまう。初めてピンゲラップ島に行った時は手足に多くのとびひができてしまい、日本に帰国しても一向に治らなかった。皮膚科で抗生物質を処方してもらいどうにか治ったが、いまだにとびひの跡は残っている。それ以降、ピンゲラップ島で蚊に刺されてしこりができそうになった時は、絆創膏をはり、傷口を作らないようにしている。

きちんと調べたわけではないが、夜間、特に寝ている時に蚊に刺されると赤くなってしこりができるようである。ピンゲラップ島で夜間に吸血に来るのはネッタイイエカである。しかし、他の島でもネッタイイエカに刺されているはずだが、ピンゲラップ島以外ではこのようなことにはならない。ピンゲラップ島のネッタイイエカの唾液には特別な成分が含まれているのだろうか。寝ている間に蚊に刺されないために、蚊取り線香を使っている。しかし、寝ている部屋が広かったり、夜中に途中で蚊取り線香が燃え尽きたりしてうまくいかない。寝ている間に蚊に刺されない一番いい方法は頭から足先まで薄いシーツに包まって寝ることである。ピス島では全身シーツにくるまっている人を見かけた。しかし、これはやろうと思ってもなかなかできない。夜中に暑くてどうしてもシーツをはがしたり足が出てしまったりするのである。このように、昼間の調査だけではなく、夜間も別のところで蚊と闘っているのである。私だけがしこりのできる虫刺されになるわけではないが、一緒に調査に行くメンバーの中で圧倒的に私が多くできる。蚊の調査の見返りということにして、無理矢理自分を納得させている。

ピンゲラップ島でデング熱やジカ熱が発生したら

ピンゲラップ島でデング熱やジカ熱の流行が起こったらどうすればいいのだろうか？　二〇一六年に両感染症が流行したコスラエ島では、アメリカ疾病予防管理センターなどが協力し、遺伝子診断なども使い、デング熱およびジカ熱を検出している。このことはピンゲラップ島周辺にはデング熱およびジカ熱が迫っていることを示している。本来、感染症対策には的確な診断が必須である。デング熱やジカ熱の診断は流行地などでは臨床症状で診断されることもあるが、基本的にはウイルスの遺伝子を検出したり、患者の血清からの抗体反応で検査したりしなければならない。しかし、ピンゲラップ島でそのような検査はもちろんできない。ポンペイ島の病院では検査ができるとは聞いているが、感染の疑いのある患者にどこまで検査を行っているかは不明である。したがって、ピンゲラップ島ではデング熱やジカ熱の確定診断ができない前提で対策を進める必要がある。

二〇一四年に東京の代々木公園を中心にデング熱の流行が起こり、日本国内で一六〇人ほどがデング熱に感染する症例が発生した。海外で感染して、日本国内でデング熱と診断される輸入症例は毎年報告されてきたが、日本国内で感染するデング熱症例は七〇年ぶりであった。デング熱ウイルスがどのように日本へ侵入したのかは確かではないが、最も考えられる侵入経路として、海外でデング熱に感染した罹患者が日本に入国し、代々木公園でヒトスジシマカに刺され、その蚊が別の人を吸血することによってデング熱ウイルスが広がっていった、というものである。日本では入国する際に空港のサーモグラフィーで高熱を出している人をスクリーニングしている。しかし、デング熱には潜伏期間があるため、入国の後に発症することもある。また、デング熱ウイルスには感染しているが、ほとんど症状を示さない、不顕性感染の場合もある。このような人が入国すると、その人が感染源となり大流行が起こる可能性がある。これまでも日本では毎年二〇〇症ほどの輸入デング熱症例が報告されてきた。つまり、デング熱ウイルスは毎年、日本に入ってきているのだ。二〇一四年以前は運よく流行しなかっただけで、今後も日本でデング熱がいつ流行してもおかしくない状況なのである。

二〇一四年の日本と同じように、普段はデング熱やジカ熱がないピンゲラップ島にも、それらに感染した人が入ってきて、感染が拡大する可能性は十分に考えられる。デング熱およびジカ熱の確定診断ができない前提で考えると、特に島外からピンゲラップ島に帰ってきて熱が出た場合は、流行が拡大しないような対策をとる必要がある。熱が出た場合は、デング熱およびジカ熱かもしれないとして、発熱した人が蚊に刺されないように注意すべきである。そして、蚊の発生源となりうる容器を取り除くことが重要である。ネッタイシマカの行動範囲は一〇〇メートル程度なので、発熱した人がいる家屋の敷地周辺を特に重点的に取り除くことが必要である。また、ジカ熱に関しては、妊婦が感染すると生まれてくる子供が小頭症になる可能性があるので、妊婦は発熱した人に近づかないようにすべきである。ネッタイシマカは日中に吸血する。さらに屋内に入ってくることもある。日中でも蚊帳などを利用するといいであろう。また、発熱などの症状を示している場合は、人が多くいる場所などに行かないようにすることも必要である。このように発熱などの症状を示す人の行動を制限するのは、日本などでは難しいが、ピンゲラップ島のような小さなコミュニティでは不可能ではない。しかし、このような対策を行うためには、デング熱やジカ熱への住民の理解が前提となってくる。

ピンゲラップ島の人たちにとっては蚊がいるのは普通のことである。生まれた時から周りにいたものであるし、どの島に行っても蚊はいるからである。しかし、デング熱やジカ熱を媒介するネッタイシマカは比較的最近ピンゲラップ島に入ってきて、人の作ったコンクリート製水タンクや、人の生活で出たごみを利用して繁殖しているのである。逆に言えば、自分たちの周りの環境やごみを適切に管理できれば、ネッタイシマカもコントロールできるのである。ピンゲラップ島にいる蚊三種のうち、ネッタイシマカとネッタイイエカは人とともに入ってきた外来種であると考えれば、それらをなくすような試みも受け入れやすいのではないか。使っていない水タンクにはしっかりと蓋をして、魚を放流して、蚊を発生させない。ごみに水が溜まらないように処分する。このようなことをきちんとしていけば、蚊の発生は少なくなっていくはずである。デング熱やジカ熱対策として重要なのはネッタイシマカの発生を抑えることだが、これは同時にネッタイイエカの発生も抑えることができると考えられる。そうすれば、私自身はとびひになる心配が減るので、蚊取り線香の置き方やシーツのかぶり方を工夫しながら寝ることもなくなるかもしれない。

注

（1）WHO. 2017. Marshall Islanders Triumph against Lymphatic Filariasis. Available at: https://www.who.int/neglected_diseases/news/Marshall_Islanders_triumph_against_lymphatic_filariasis/en/

（2）Savage, H. M., Fritz, C. L., Rutstein, D., Yolwa, A., Vorndam, V. and Gubler, D. J. 1998. Epidemic of dengue-4 virus in Yap State, Federated States of Micronesia, and implication of *Aedes hensilli* as an epidemic vector. The American Journal of Tropical Medicine and Hygiene, 58(4): 519-524.

（3）Durand, M. A., Bel, M., Ruwey, I., Marfel, M., Yug, L. and Ngaden, V. 2005. An outbreak of dengue fever in Yap State. Pacific Health Dialog, 12(2): 99-102.

（4）CDC. 2013. Dengue outbreak–Federated States of Micronesia, 2012-2013. Morbidity and Mortality Weekly Report, 62(28): 570-573.

（5）Bhatt, S., Gething, P., Brady, O. J., Messina, J. P., Farlow, A. W., Moyes, C. L., Drake, J. M., Brownstein, J. S., Hoen, A. G., Sankoh, O., Myers, M. F., George, D. B., Jaenisch, T., Wint, G. R. W., Simmons, C. P., Scott, T. W., Farrar, J. J. and Hay, S. I. 2013. The global distribution and burden of dengue. Nature, 496(7446): 504-507.

（6）Duffy, M. R., Chen, T., Hancock, W. T., Powers, A. M., Kool, J. L., Lanciotti, R. S., Pretrick, M., Marfel, M., Holzbauer, S., Dubray, C., Guillaumot, L., Griggs, A., Bel, M., Lambert, A. J., Laven, J., Kosoy, O., Panella, A., Biggerstaff, B. J., Fischer, M. and Hayes, E. B. 2009. Zika virus outbreak on Yap Island, Federated States of Micronesia. The New England Journal of Medicine, 2009(360): 2536-2543.

（7）Petersen, L. R., Jamieson, D. J., Powers, A. M. and Honein, M. A. 2016. Zika virus. The New England Journal of Medicine, 374(16): 1552-1563.

（8）Republic of Marshall Islands, Ministry of Health. 2016. Zika in Republic of the Marshall Islands, 2015-2016 (Report

Date: April 19, 2016). Available at: https://reliefweb.int/sites/reliefweb.int/files/resources/RMI%20Zika%20SitRep%20%28April19%202016%29.pdf
（9）Kosrae EpiNet Team. 2016. Situation Report #17: Zika Virus and Dengue Fever, Kosrae State, Federated States of Micronesia (Report Date: December 28, 2016). Available at: https://reliefweb.int/sites/reliefweb.int/files/resources/FSMZikaSitrep%2317_KSR_12-28-2016.pdf
（10）大塚　靖・山本宗立編著『ミクロネシア学ことはじめ—魅惑のピス島編』（南方新社、二〇一七年）
（11）Noda, S. 2014. Mosquito fauna in the Federated States of Micronesia: A discussion of the vector species of the dengue virus. South Pacific Studies, 34(2): 117-127.
（12）MacArthur, R. H. and Wilson, E. O. 1967. The Theory of Island Biogeography. Princeton University Press, Princeton, New Jersey.
（13）マーシャルシマカという和名はないが、この本では *Aedes marshallensis* をマーシャルシマカと呼ぶこととする。
（14）Tabachnick, W. J. 1991. Evolutionary genetics and arthropod-borne disease: The yellow fever mosquito. American Entomologist, 37(1): 14-26.

あとがき

ピンゲラップ島への旅はいかがだっただろうか。様々な側面からと心がけたものの、まだまだ断片的にしか「ピンゲラップ島」を描けていないことは重々承知の上で、絶海の孤島の雰囲気を少しでも感じ取っていただけたならば本望である。

少し補足すると、ピンゲラップ島の人々は概して「まじめ」である。そして、落ち着いているというか、どっしり構えているというか、あまり興奮しない。もちろん冗談や猥談などで大きな声で笑うこともあるし、葬式のときに嗚咽を漏らすこともあるが、普段はあまり大げさに感情を表現しないように感じる。チューク諸島の島々で調査をしていると、子供たちが集まってきて、何をしているのかな?と子犬のようにまとわりつき、「邪魔をするな」と大人に怒られる。しかし、ピンゲラップ島の子供たちは「よくできた」子供たちなのか、そのような行動をとらない。『ミクロネシア学ことはじめ—魅惑のピス島編』で、チューク諸島のピス島の人々を「関西人」っぽいと表現したが、それと対比させるならば、ピンゲラップ島の人々は「関東人」(もしくは関西人以外の日本人?)っぽいのかもしれない。

私自身、ピンゲラップ島なる島へ行くことになろうとは夢にも思わなかった。初めてピンゲラップ島へ行く時、ポンペイ島で公務員をしているピンゲラップ島出身の男性二人と同じ飛行機に乗り合わせた。十数年ぶりだったか、数十年ぶりだったか、正確なことは覚えていないが、久々の帰郷だったことは間違いない。ミクロネシア短

期大学にも島出身の四〇～五〇代の知人がいるが、ポンペイ島で働くようになってから、一度もピンゲラップ島へは帰っていないという。アメリカ合衆国本土ならいざ知らず、ポンペイ島に住んでいるピンゲラップ島出身者でも自分の島へ帰る機会があまりないことがわかる。そのような島に、日本人の私が継続的に訪れ、調査・研究だけではなく、様々な体験をしてきたわけなのだから、つくづく幸せ者だと思う。

そのようなきっかけを作ってくださったのが、私の所属する鹿児島大学国際島嶼教育研究センターを退職された野田伸一先生と長嶋俊介先生である。二〇一〇年八月に三人でピンゲラップ島へ向かった。二人はすでにピンゲラップ島で調査をしたことがあったので、私はただついていくだけでよかった。あるお宅に宿泊することが決まり、寝床を整えて寝ていると、夜中に大雨が降ってきた。私たちはコンクリートの床に敷物を敷いて寝ていたのだが、なんだか背中が冷たい。あまり気にすることなくそのまま寝ていたら、背中がびしょびしょになってきた。どうやら壁から水が入り、水が床を流れているようだ。こりゃまいった。三人で水が流れなさそうな場所に移動して眠ることにした。そのほかにも、両先生とは国内外の島々での楽しい思い出がたくさんある。野田先生と長嶋先生に厚く御礼申し上げます。

また、トーカサやナナワなどの伝統的位階につく方々を含めたピンゲラップ島の全島民、ピンゲラップ村役場、ポンペイ州政府、在日ミクロネシア大使館など、関係者の皆様のご協力によって本書に関する調査・研究を行うことができた。深く感謝いたします。特に、ピンゲラップ島での調査時にいつも協力してくださるペルネスさん、スミスさん、オニオさん、コータローさんのご厚意に、心より感謝いたします。なお、オニオさんは二〇一八年一一月に逝去された。心より哀悼の意を表します。

そして、このような調査・研究を行う上で、日本学術振興会から資金援助をいただいた。ここに助成の一覧を掲げ、感謝の意を表したい。

・科学研究費補助金基盤研究（C）「ミクロネシア連邦でのデング熱媒介蚊の分布調査と予防対策のための地域社会調査」（研究代表者：野田伸一、二〇一〇年四月〜二〇一三年三月）
・科学研究費補助金基盤研究（B）「ミクロネシアの小島における社会関係資本連携型のデング熱対策実践」（研究代表者：長嶋俊介、二〇一二年四月〜二〇一五年三月）
・科学研究費補助金若手研究（B）「東南アジア島嶼部およびミクロネシアにおけるトウガラシ属の民族植物学的研究」（研究代表者：山本宗立、二〇一五年四月〜二〇一八年三月）
・科学研究費補助金基盤研究（B）「オセアニアにおける住民参加型による持続可能なデング熱対策の実践」（研究代表者：大塚　靖、二〇一六年四月〜二〇一九年三月）
・科学研究費補助金基盤研究（B）「アジア・オセアニアにおけるトウガラシ属植物の遺伝資源・文化資源の体系化」（研究代表者：山本宗立、二〇一八年四月〜二〇二二年三月）

・科学研究費補助金基盤研究（C）「資源共有に基づく「トランスローカル・コミュニティ」の文化人類学的研究」（研究代表者：中谷純江、二〇一九年四月～二〇二三年三月）

出版にあたっては、チューク州のピス島に続き、日本人にはほとんど馴染みのないポンペイ州の離島に関する内容をとりあげてくださった南方新社の向原祥隆さんに心から感謝したい。そして、編著者の遅筆を忍耐強くお待ちいただいた上に、本書の構成やデザイン、内容に関する的確なコメント、文章や図表の修正など、緻密な編集作業をしていただいた大内（旧姓西條）喜来さん・梅北優香さん、本当にありがとうございます。

ピンゲラップ島の夜は真っ暗だ。ある夜、滑走路に寝そべって星を眺めていると、短時間のうちにいくつもの流れ星を見たことがある。もしピンゲラップ島に住むことになったら、いくら願い事があっても足りやんかも、と思いながら、願い事をするのをすっかり忘れていた。

ピンゲラップ島の人々は、今、何を願っているのだろうか。

山本宗立

二〇一九年二月

インドネシア・アンボン島にてピンゲラップ島に思いを馳せながら

Ethnography of Pingelap Island, Pohnpei State, the Federated States of Micronesia

This book is the outcome of interdisciplinary research conducted on Pingelap Island, Pohnpei State, the Federated States of Micronesia, by researchers from Research Center for the Pacific Islands, Kagoshima University, and their colleagues. The book consists of five chapters and one column; Chapter I: Daily Life and Food Culture (Sota Yamamoto), Chapter II: Water Resources and Vegetation (Motohiro Kawanishi), Chapter III: *Mweiang* Patch under Economic Change (Satoru Nishimura), Chapter IV: Exchange of Valuables in an Island Community (Sumie Nakatani), Chapter V: Public Health (Yasushi Otsuka), and Column: Geological Origin (Yujin Kitamura and Hafiz Ur Rehman). We would like to express our gratitude to *Dokasa*, *Nahnawa*, other Traditional Leaders, Mayor and Staffs of Pingelap Municipality, all of the villagers of Pingelap Island, Pohnpei State Government, and Embassy of the Federated States of Micronesia in Japan for supporting us to conduct our research on the island. We could not have efficiently performed our work without their warm-hearted and constant help. *Kalangan*!

This work was partly supported by the Japan Society for the Promotion of Science (No. 22510271, 24402006, 15K16585, 16H03314, 18H03446, and 19K01201).

Yasushi Otsuka
Sota Yamamoto
Pingelap, Pohnpei
February 2019

■ 著者紹介（五十音順）

川西基博（かわにし　もとひろ）

1976年、香川県生まれ。鹿児島大学教育学系准教授。博士（学術）・横浜国立大学。専門は植物生態学・植生学。著書に「荒川の植生」（2011年、『流域環境を科学する』古今書院）、「奄美大島の河川に成立する植物群落の生態と多様性」（2016年、『奄美群島の生物多様性―研究最前線からの報告―』南方新社）など。

北村有迅（きたむら　ゆうじん）

1977年、東京都生まれ。鹿児島大学大学院理工学域（理学系）助教。博士（理学）・東京大学。専門は地質学。著書に『地球のお話365日』（共著、2018年、技術評論社）など。

中谷純江（なかたに　すみえ）

1967年、奈良県生まれ。鹿児島大学グローバルセンター教授。博士（学術）・金沢大学。専門は社会人類学・南アジア地域研究。著書に「農村社会における交換の変容―あるラージャスターン農村の事例」（2015年、『現代インド6　還流する宗教と文化』東京大学出版会）など。

西村　知（にしむら　さとる）

1963年、京都府生まれ。鹿児島大学法文学部教授。博士（経済学）・九州大学。専門は開発経済学・農村経済学。論文に「『新興国』フィリピンの挑戦」（2015年、アジア太平洋討究）など。

ハフィーズ・ウル・レーマン（Hafiz Ur Rehman）

1972年、パキスタン・コハト市生まれ。鹿児島大学大学院理工学域（理学系）助教。博士（理学）・鹿児島大学。専門は地質学。論文に「Thermobaric structure of the Himalayan Metamorphic Belt in Kaghan Valley, Pakistan」（共著、2007年、Journal of Asian Earth Sciences）など。

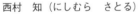

■ 編著者紹介

大塚　靖（おおつか　やすし）

1968年、愛媛県生まれ。九州大学理学研究科修了、博士（医学）。大分大学医学部を経て、2014年より鹿児島大学国際島嶼教育研究センター准教授。専門は衛生動物学・寄生虫学。吸血昆虫であるブユの系統分類や、ブユが媒介する寄生虫に関する研究に従事。著書に『ミクロネシア学ことはじめ―魅惑のピス島編』（編著、2017年、南方新社)、「薩南諸島の外来の衛生動物」(2017年、『奄美群島の外来生物―生態系・健康・農林水産業への脅威―』南方新社)、「Black fly of the Osumi Islands」(2017年、『The Osumi Islands: Culture, Society, Industry and Nature』北斗書房）など。

山本宗立（やまもと　そうた）

1980年、三重県生まれ。京都大学大学院農学研究科博士課程修了、博士（農学）。名古屋大学農学国際教育協力研究センター研究機関研究員、京都大学東南アジア研究所研究員（研究機関)、日本学術振興会特別研究員PD（受入：京都大学大学院アジア・アフリカ地域研究研究科）などを経て、2010年より鹿児島大学国際島嶼教育研究センター准教授。専門は民族植物学・熱帯農学。アジア・オセアニアにおける植物利用（特にトウガラシ属植物の遺伝資源・文化資源）や食文化に関する研究に従事。著書に『唐辛子に旅して』（2019年、北斗書房)、「薬としての唐辛子」(2018年、『奄美群島の野生植物と栽培植物』南方新社)、「薩南諸島の唐辛子―文化的側面に着目して―」(2016年、『鹿児島の島々―文化と社会・産業・自然―』南方新社)、「薬味・たれの食文化とトウガラシ―日本」(2010年、『トウガラシ讃歌』八坂書房）など。

ミクロネシア学ことはじめ　絶海の孤島ピンゲラップ島編
Ethnography of Pingelap Island, Pohnpei State, the Federated States of Micronesia

2019年12月25日　初版第1刷発行

編　者　大塚　靖・山本宗立
Otsuka Yasushi, Yamamoto Sota

発行者　向原祥隆
Mukohara Yoshitaka

発行所　株式会社 南方新社
Nanpou Shinsha Kagoshima

〒892-0873　鹿児島市下田町292-1
電話　099-248-5455
振替口座　02070-3-27929
URL　http://www.nanpou.com/
e-mail　info@nanpou.com

印刷・製本　株式会社朝日印刷
定価はカバーに表示してあります　乱丁・落丁はお取り替えします
ISBN978-4-86124-415-5 C0026